伟人成功故事

世界
大军事家
成功故事

张 哲◎编著

中国出版集团 现代出版社

图书在版编目（CIP）数据

世界大军事家成功故事 / 张哲编著. —北京：现代出版社，2012.12

（伟人成功故事）

ISBN 978-7-5143-0884-6

I. ①世… Ⅱ. ①张… Ⅲ. ①军事家－生平事迹－世界－通俗读物 Ⅳ. ①K815.2-49

中国版本图书馆 CIP 数据（2012）第 274795 号

作　者	张　哲
责任编辑	袁　涛
出版发行	现代出版社
地　址	北京市安定门外安华里 504 号
邮政编码	100011
电　话	(010) 64267325
传　真	(010) 64245264
电子邮箱	xiandai@cnpitc.com.cn
网　址	www.modernpress.com.cn
印　刷	汇昌印刷（天津）有限公司
开　本	700×1000　1/16
印　张	10
版　次	2013 年 1 月第 1 版　2021 年 3 月第 3 次印刷
书　号	ISBN 978-7-5143-0884-6
定　价	29.80 元

前言

FOREWORD

　　战争伴随着人类的发展，它既为人类自我竞争提供了较量的空间，也为一批社会精英创造了表现的舞台。正义的战争使人的灵魂得到净化，精神得到升华；非正义的战争使人的良知泯灭，道德沦丧。世界各国的历史上有无数满腹韬略、叱咤风云的将领，他们有的英名一世，永垂不朽；有的恶名昭著，遗臭万年。因为他们或顺应了历史发展的进步趋势，推动了历史前进；或违背了历史进步的潮流，阻碍了人类社会的发展。

　　古往今来世界历史上的杰出将领如群星灿烂，不可胜数。本书收录的军事家是世界历史上影响巨大的人物，如迦太基军事战略家汉尼拔、叱咤风云的天才军事家拿破仑等。在编写过程中，我们主要依据已经获得公认的定论，在尊重历史真实性的基础上，向读者立体地凸现他们的生平和杰出的事迹，力求史实叙述准确，融知识性与可读性于一体。

　　本书除了公正地评价他们的人格和贡献外，还配以大量珍贵的历史图片，希望能使读者清晰地看到世界发展的轨迹，感受到每一个伟大时代的精神，牢记历史带给我们的经验和教训。

目录

CONTENTS

孙　武

　　孙武生活在战争频繁的春秋时代，少年时期在有着源远流长军事传统的齐国度过，后到吴国，被吴王阖闾任命为将，西破强楚，北威齐晋，南伏越人，为吴国在诸侯国中建立霸主地位立下了汗马功劳。

　　孙武著有《孙子兵法》，共有13篇，流传于世。《孙子兵法》全面系统地阐述了战争的一般规律和战略战术原则，提出了一系列充满智慧和光辉的军事思想。该书是一部具有朴素辩证法观点的优秀军事著作，它不仅在我国军事史上具有重要地位，而且在世界军事史上也有极高的声誉，孙武因此被后世尊称为东方的"兵家鼻祖"。

世代兵家

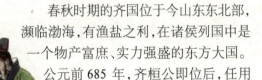

春秋时期的齐国位于今山东东北部，濒临渤海，有渔盐之利，在诸侯列国中是一个物产富庶、实力强盛的东方大国。公元前685年，齐桓公即位后，任用管仲为相，革新军政，发展生产，终于成为"九合诸侯，一匡天下"的一代霸主，齐国一度成为当时中国政治、经济、文化、外交、军事活动的中心，成为豪杰荟萃的地方。齐国又是历史上大军事家姜子牙的封地，留下了极其丰富的军事遗产。杰出的大军事家孙武就诞生在这里。

▲春秋时期的管仲是我国历史上著名的政治家。他辅佐齐桓公成为春秋时期的第一霸。

孙武的远祖其实不姓孙，而是姓陈，是春秋时期陈国公子陈完的后代，舜的后裔。齐桓公不计前嫌，重用和自己有"一箭之仇"的管仲为相，君臣同心，励精图治，对内整顿朝政，锐意改革；对外尊王攘夷，广纳人才，使齐国国力蒸蒸日上。当时，因陈国内乱，厉公的儿子陈完便毅然来到齐国。

陈完到达齐国后，齐桓公见他仪表堂堂，言谈不俗，颇有

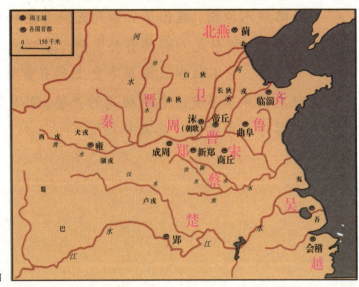

▲春秋形势图

经天纬地之才，而且陈完又是陈国公子，虞舜之后，于是就让他担任了管理百工（全国所有的手工制造业）的"工正"（官名）。陈完在齐国，讲仁守义，办事得体，表现出很高的道德修养。由于陈完出色的工作和绝佳的人品，齐桓公便赐给他一些田庄。陈完一则为了隐姓避难，二则为了表示对齐桓公赐封田庄的感激，三则当时陈、田二字的读音差不多，所以便以田为姓，改陈完为田完。

田完后来娶齐大夫懿仲之女为妻，家世逐渐兴旺起来，富贵盈门，成为齐国的望族。到了孙武的祖父田书这一代，田氏家族日益强盛，地位显赫，权倾一时。田书在齐景公时官至大夫，后因齐国在攻打莒国的一次战争中，田书立了战功，景公赐姓孙氏，改姓名为孙书。孙书的儿子孙凭（孙武的父亲）在景公朝中为卿。孙武就出生在这样一个世袭贵族家庭里。

世界大军事家成功故事

↑山东临淄的齐景公殉马坑有殉马 600 匹以上。数量之多，规模之大，国内罕见。庞大的殉葬葬式显示了齐侯景公的奢侈豪华，同时也反映了齐国当时国力的强盛。

约公元前 535 年，就在孙武出生的当天晚上，孙武的祖父孙书和父亲孙凭都赶回家中。全家上下沉浸在无比喜悦的氛围之中。孙书望着褓襁中的孙儿，希望他快快长大，继承和发扬将门武业，报效国家，决定给孙儿取名为"武"。"武"字形由"止"、"戈"两字组成，能止戈才是武。古兵书上说"武有七德"，即武力可以用来禁止强暴、消灭战争、保持强大、巩固功业、安定百姓、协和大众和丰富财物。孙书还给孙儿取了个字，叫"长卿"。"卿"在当时为朝中的大官，与大夫同列。孙书为齐大夫，孙凭为齐卿。他希望孙儿将来也能像他们一样，在朝中为官，成为国家栋梁。

少年时代

随着孙武的长大，他逐渐显现出对军事的爱好和特有的天赋。也许是自幼受到将门家庭的熏陶，孙武自幼聪慧睿智，勤奋好学，而且特别尚武。

每当祖父和父亲从朝中回到家里，孙武总缠着他们，让他们给他讲故事。孙武特别喜欢听打仗的故事，而且百听

竹木简是古代用竹简和木简写成的书，是我国最早的书。

不厌。时间一长，在一旁侍候孙武的奴仆、家丁也都学会了。于是，当祖父和父亲不在家时，孙武就缠着他们给他讲。

除了听故事，孙武还有一个最大的爱好就是看书，尤其是兵书。孙家是一个祖祖辈辈都精通军事的贵族世家，家中收藏的兵书非常多：《黄帝兵书》、《太公兵法》、《风后渥奇经》、《易经卜兵》、《军志》、《军政》、《军礼》、《令典》、《周书》、《老子兵录》、《尚书兵纪》、《管子兵法》等。上自黄帝、夏、商、周，下到春秋早、中期有关战争的许多竹简塞满了阁楼。孙武就喜欢爬上阁楼，把写满字的竹简拿下来翻看。有不明白的问题就请教家聘的老师，甚至直接找祖父、父亲问个明白。

有一次，孙武读到"国之大事，在祀与戎"，他就跑去问老师："先生，祀是什么？戎是什么？"老师想今天孙武问的问题倒是简单，于是随口说："祀是祭祀，戎是兵戎。"孙武接着问："祭祀是种精神的寄托，怎么能和兵戎相提并论为国家的大事呢？"老师顿觉奇异，一时答不出来。孙武接着说："只有兵，才是国家的大事，君臣不可不察的大事。"

孙武长到8岁，被送进庠序（政府办的正规学校）接受系统的基础知识教育。当时，"五教"、"六学"是庠序的主修课程。"五教"是指五种伦理道德的教育，即父义、母慈、兄友、弟恭、子孝；"六学"是指六种基本科目的学习，即礼、乐、射、御、书、数。

少年孙武天资聪明，对那些艰涩繁杂的"五教"以及规定的文化基础课，看三两遍就能熟记于心。在所有的课程中，孙武最感兴趣的是"六学"中的"射"和"御"。在"射"、"御"的第一节课上，老师先给学生讲解了"射"、"御"的基本内容及学习"射"、"御"的意义。"射"和"御"既是战场拼杀的基本技能，也是齐国社会竞技活动的主要项目。

春秋时期的战车

同时，老师还重点讲解了齐国自古就有的"尚武"之风。约在夏商之际，或更早一些，齐地的夷人就以善射而闻名遐迩。神话传说中，东夷的英雄是羿。他用弓箭驯服了十个太阳，同时射瞎了黄河(河伯)的眼睛，还射死封豕长蛇，并在青丘(古钜淀湖一带)把猛禽"大风"射死，为民除害。人们尊称他为"后羿"。殷商时期，齐地的英雄蜚廉一生非战即斗，最后战死在海边上。后来，姜子牙辅佐周文王灭商，被封于齐，建立齐国，尚武风俗得以承袭，并发扬光大。在齐国，每年的9月，人们都要举办一次全民"射"、"御"比赛，这是国家选将取才的重要形式，也是有志之士展现自我、步入仕途的绝佳良机。

在学习和训练中，孙武对"射"和"御"投入了比其他学生多得多的努力。孙武刻苦练习，甚至到了废寝忘食的地步。很快，他就成了掌握这两项技能的同辈贵族少年中的佼佼者。孙武没有满足，依旧是冬练"三九"，夏练"三伏"。此时，孙武心中朦朦胧胧有一个理想，那就是长大后要像他的祖父孙书、叔父田穰苴一样，成为一名驰骋疆场的大将军。

隐居吴国著兵法

齐景公初年，齐国内乱迭起，各个家族势力之间争权夺利的斗争愈演愈烈。孙武对这种内部斗争极其反感，不愿纠缠其中，萌发了远奔他乡、另谋出路，施展自己才能的念头。

当时南方的吴国自寿梦称王以来，联晋伐楚，国势强盛，很有新兴气象。孙武认定吴国是他理想的施展才能和实现抱负的地方。大约在齐景公三十一年(公元前517年)左右，孙武正值18岁的青春年华，他毅然告别齐国，长途跋涉，前来投奔吴国。

孙武来到吴国后，在吴都(今苏州市)郊外结识了从楚国而来的伍子胥。伍子胥原是楚国的名臣，公元前522年因父亲伍奢和兄长伍尚被楚平王杀害而潜逃到吴国。他立志兴兵伐楚，为父兄报仇。孙武结识伍子胥后，两人志趣相投，结为密友。这时吴国的局势也在动荡不安之中，两人便避隐深居，待机而发。

伍子胥是吴国大夫，著名军事谋略家，辅佐吴王阖闾修法治国，使吴国成为春秋五霸之一。

公元前515年，吴国公子光利用吴国伐楚，国内空虚的时机，派刺客杀死吴王僚，然后自立为王，称阖闾。阖闾即位后，礼贤下士，任用伍子胥等一批贤臣。阖闾在位时，因体恤民情而大得民心，吴国呈现出一派欣欣向荣的景象。阖闾又注重搜求各种人才，建筑城垣，训练军队，立志要使吴国更加强盛，向长江中游发展，灭楚称雄。

隐居吴都郊外的孙武由此更加看清自己的前途，他在隐居之地，一边灌园耕种，一边写作兵法，为施展自己的抱负做准备。终于，孙武写好了《孙子兵法》，共13篇，全书有一个严密的理论体系。这13篇兵法讲的是如何克敌制胜的战略战术，在中国和世界军事史上，首次概括出"知己知彼，百战不殆"这一普遍的军事规律，提出"先胜而后求战"、"不战而屈人之兵"的战争指导思想，注重全面分析敌我、众寡、强弱、虚实、攻守、进退、奇正等矛盾双方，总结出"以正合，以奇胜"、"攻其不备，出其不意"、"因敌而制胜"等作战原则，为自己日后的军事实践奠定了坚实的理论基础。

↑《孙子兵法》竹木简碎片

拜为大将

↑孙武像

公元前512年，即阖闾即位3年后，吴国国内稳定，仓廪充足，军队精悍，向西进兵征伐楚国的准备工作已经基本就绪。伍子胥向阖闾提出，这样的长途远征，一定要有一位深通韬略的军事家筹划指挥，方能取胜。他向吴王阖闾推荐了正在隐居的孙武，向吴王介绍孙武的家世、人品和才干，称赞孙武是个文能安邦、武能定国的盖世奇才。可是孙武自从来到吴国后一直隐居著书，吴王连孙武这个名字听都没听说过。伍子胥便反复推荐，仅一个早上就推荐了7次，吴王才勉强答应接见孙武。

孙武带着他刚写就的兵法晋见吴王。在回答吴王的提问时，孙武那惊世骇俗的议论和新颖独特的见解，引起了一心图霸的吴王的强烈共鸣，他连声地赞誉孙武高妙的战争见解，为孙武卓绝的军事才华所折服。但忽然间吴王又犯疑了，孙武写的兵法虽好，但是不是就有指挥军事的实际才能呢？

吴王便对孙武说："你的兵法13篇，我已看了，确实令人佩服，但不知运用起来到底如何，你能不能实际演练一下，让我见识见识？"孙武答应了。吴王又问："先生打算用什么样的人去演练？"孙武答："随君王的意愿，用什么样的人都可以。"吴王想给孙武出个难题，便要孙武用宫女来演练。

于是，吴王下令将宫中美女180名召到宫后的练兵场，交给孙武去演练。孙武把180名宫女分为左右两队，指定吴王最为宠爱的两位美姬为左右队长，让她俩带领宫女进行操练，同时指派自己的驾车人和陪乘担任军吏，负责执行军法。

分派已定，孙武站在指挥台上，认真宣讲操练要领。他问道："你们都知道自己的前心、后背和左右手吧？向前，就是目视前方；向左，视左手；向右，视右手；向后，视后背。一切行动，都以鼓声为准。你们都听明白了吗？"宫女们回答："听明白了。"

安排就绪，孙武便击鼓发令，然而尽管孙武三令五申，宫女们口中应答，内心却感到新奇、好玩，她们不听号令，捧腹大笑，队形大乱。孙武便召集军吏，根据兵法，斩两位队长。吴王见孙武要杀掉自己的爱姬，马上派人传命说，寡人已经知道将军能用兵了。至于两个爱姬，还请将军赦免她们。孙武毫不留情地说："臣既然受命为将，将在军中，君命有所不受。"结果，孙武执意杀掉了两位队长，任命两队的排头充当队长，继续练兵。

↑孙武训练吴王阖闾宫中美女。

当孙武再次击鼓发令时，众宫女前后左右，进退回旋，跪爬滚起，全都合乎规矩，阵形十分齐整。孙武传人请阖闾检阅，阖闾因为失去爱姬，心中不快，便托辞不来，孙武便亲见阖闾说："令行禁止，赏罚分明，这是兵家的常法，为将治军的通则。对士卒一定要威严，只有这样，他们才会听从号令，打仗才能克敌制胜。"听了孙武的一番解释，吴王阖闾怒气消散，便拜孙武为将军。

征服楚国和越国

苏州盘门始建于春秋吴王阖闾元年。现存的盘门设有水、陆门，陆门可通车，水门可行船，是苏州仅存的古城门遗迹。

在孙武的严格训练下，吴军的军事素质有了明显的提高。公元前512年，阖闾、伍子胥和孙武指挥吴军攻克了楚的属国钟吾国（今江苏宿迁东北）、舒国（今安徽庐江县西），这时阖闾头脑发热，想要长驱直入攻克楚都郢（今湖北江陵县纪南城）。孙武认为这样做不妥，便进言道："楚军是天下的一支劲旅，非舒国和钟吾国可比。我军已连灭二国，人疲马乏，军资消耗，不如暂且收兵，蓄精养锐，再等良机。"吴王听从了孙武的劝告，下令班师。

伍子胥也完全同意孙武的主张，并向吴王献策说："人马疲劳，不宜远征。不过，我们也可以设法使楚人疲困。"于是，伍子胥和孙武共同商订了一套扰楚、疲楚的计策，即组成三支劲旅，轮番袭扰楚国。当吴国的第一支部队袭击楚境的时候，楚国见来势不小，便全力以赴，派兵迎击。待楚军出动，吴军便往回撤。而楚军返回驻地时，吴国的第二支部队又攻入了楚境，如此轮番袭击，弄得楚国连年应付吴军，人力物力都被大量耗费，国内十分空虚，属国纷纷叛离，吴国却从轮番进攻中抢掠了不少财物，在与楚对峙中完全占据了上风。

公元前506年，楚国攻打已经归附吴国的小国——蔡国，给了吴军伐楚的借口。阖闾和伍子胥、孙武指挥训练

无锡京杭大运河的历史可以追溯到商末，3000年前，周太王长子泰伯在梅里建构吴国，为了灌溉和排洪的需要，就率领民众开凿了伯渎河。历史上吴王阖闾攻楚，夫差北上伐齐，都曾通过这条河。可见这条河当时不仅是在交通和农业灌溉上发挥着重要作用，而且在军事上也起着重要的作用。

有素的 3 万精兵,乘坐战船,溯淮而上,直趋蔡国与楚国交战。楚军见吴军来势凶猛,不得不放弃对蔡国的围攻,收缩部队,调集主力,以汉水为界,加紧设防,抗击吴军的进攻。不料孙武突然改变了沿淮河进军的路线,放弃战船,改从陆路进攻,直插楚国纵深。伍子胥问孙武:"吴军习于水性,善于水战,为何改从陆路进军呢?"孙武告诉他说:"用兵作战,最贵神速。应当走别人料想不到的路,以便打它个措手不及。逆水行舟,速度迟缓,楚军必然乘机加强防备,那就很难破敌了。"伍子胥听后连声叫好。

就这样,孙武在 3 万精兵中选择了强壮敏捷的 3500 人为前阵,身穿坚甲,手执利器,连连大败楚军。旧历 11 月 28 日攻入楚国的国都郢,楚昭王带着妹妹仓皇出逃。孙武以 3 万军队攻击楚国的 20 万大军,获得全胜,创造了以少胜多的光辉战例。

然而,这时越国乘吴军伐楚之机进攻吴国,秦国又出兵帮助楚国对付吴军,这样,阖闾不得不引兵返吴。此后,吴又继续伐楚,楚为免亡国,将国都由郢迁到都(今湖北宜城县东南)。

孙武在帮助阖闾西破强楚的同时,计划征服越国。公元前 496 年,阖闾听说越王允常去世,新即位的越王勾践年轻稚弱,越国国内不大稳定,认为机不可失,便不听孙武等人的劝告,不等准备工作全部就绪,就仓促出兵,想要击败越国。不料,勾践整顿队伍,主动迎战,两军相遇于吴越边境的口李(今浙江嘉兴县西南)。勾践施展巧计,他派死刑犯首先出阵,排成三行,把剑放在脖子上,一个个陈述表演后,自刎于阵前。吴国士兵不知那是一个个罪犯,居然看得忘了神,傻了眼,越军乘机发动攻攻,吴军仓皇败退,阖闾也伤重身亡。

阖闾去世后,由太子夫差继承王位,孙武和伍子胥整顿军备,以辅佐

▶ 春秋时期的
军队阵容

夫差完成报仇雪耻大业。公元前494年春天，勾践调集军队从水上向吴国进发，夫差率10万精兵迎战于夫椒（今江苏吴县西南太湖边），在孙武、伍子胥的策划下，吴军在夜间布置了许多诈兵，分为两翼，高举火把，只见在黑暗的夜幕中火光连成一片，迅速向越军阵地移动，杀声震天，越军惊恐万状，军心动摇，吴军乘势总攻，大败越军，勾践在吴军的追击下带着5000名甲士跑到会稽山（今浙江绍兴市东南）上的一个小城中凭险抵抗，由于吴军团团包围，勾践只得向吴屈辱求和，夫差不听伍子胥劝阻，同意了勾践的求和要求。

吴国的争霸活动在南方地区取得胜利后，便向北方中原地区进逼，公元前485年，夫差联合鲁国，大败齐军。公元前482年，夫差又率领着数万精兵，由水路北上，到达黄池（今河南封丘县南），与晋、鲁等诸侯国君会盟。吴王夫差在这次盟会上，以强大的军事力量为后盾，争得霸主地位。孙武虽没有直接参加攻齐取胜、与晋争霸两事，但在此前孙武精心训练的军队和制定的军事谋略，对夫差建立霸业有不可抹煞的巨大贡献。

悄然归隐，兵法传世

随着吴国霸业的蒸蒸日上，夫差渐渐自以为是，不纳忠言。伍子胥认为：勾践被迫求和，一定还会想办法以后报复，故必须彻底灭掉越国，绝不能姑息养奸，留下后患。但夫差听了奸臣的挑拨，不仅不理睬伍子胥的苦谏，反而制造借口，逼其自尽，甚至命人将伍子胥的尸体装在一只皮袋里，扔到江中，不给安葬。孙武深知"飞鸟绝，良弓藏；狐兔尽，走狗烹"的道理，对伍子胥惨死的一幕十分寒心，于是便悄然归隐，息影深山，根据自己训练军队、指挥作战的经验，修订兵法13篇，使其更臻完善。

果然，事情不出伍子胥所料，越王勾践屈辱求和后，卧薪尝胆，立志报复，他积聚力量，发愤图强，使越国富足，军队精悍。公元前482年，越军乘吴军主力聚集黄池与中原诸侯盟会、吴国国内兵力空虚之际，发兵袭击吴国，攻入吴国国都。吴国遭此劫难，便一蹶不振，由盛转衰。公元前473年，吴国被越国灭亡，夫差愧恨交加，自刎而死。孙武的由吴王统一华夏的梦想成为泡影。

孙武退居山林后便不知所终。据说，他死后被葬在吴国，加

🔶 吴王夫差矛

为了不忘国耻，越王勾践卧薪尝胆，立志复国。

之他生前的事业也在吴国展开，因此《吴越春秋·阖闾内传》便把孙武称为"吴人"。

孙武的一生，除了赫赫战功以外，更主要的是他给后人留下了不少珍贵的论兵、论政的篇章，其中尤以流传下来的《孙子兵法》最著名。这短短的13篇5000字，体现了孙武完整的军事思想体系。

孙武的军事思想具有朴素的唯物论和辩证法观点。他强调战争的胜负不取决于鬼神，而是与政治清明、经济发展、外交努力、军事实力、自然条件诸因素相联系，预测战争胜负主要就是分析以上这些条件如何，体现了他朴素的唯物论思想。孙武不仅相信世界是客观存在的，而且认为世界上的事物都在不停地运动变化着，强调在战争中应积极创造条件，发挥人的主观能动性，促成对立面朝着有利于自己的方向转化，表明孙武掌握了生动活泼的辩证法。正是因为孙武在军事科学这门具体科学中概括和总结出了异常丰富、多方面的哲学道理，确立了他在春秋末期思想界中与孔子、老子相列的地位，被并称为春秋末期思想界上空的三颗明亮的星体。

《孙子兵法》诞生后，孙武的军事思想和军事论断一直备受历代军事家们所推崇。到了现代，《孙子兵法》不仅被应用于军事领域，还被推广到社会的各个领域，使古老的兵法在现代社会中闪耀着熠熠的光彩。

坐落于山东惠民孙子兵法城院内的孙武雕像，是目前世界最大的孙武雕像。据了解，该雕像高8.8米、总重30余吨，由整块花岗岩雕琢而成，由数名国家级雕刻大师精心雕琢而成。

大事年表

约公元前535年	孙武出生在春秋时代的齐国。
公元前527年	孙武被送进庠序(政府办的正规学校)接受教育。
公元前517年	孙武投奔吴国。
公元前512年	孙武进见吴王阖闾,被拜为将军。
公元前506年	孙武以3万军队攻击楚国的20万大军,大获全胜。
公元前496年	吴王阖闾出兵攻打越国,阖闾战死,太子夫差即位。
公元前494年	越王勾践率军攻打吴国,结果被迫向吴王夫差求和。
	其后,孙武退居山林,不知所终。
公元前473年	越国再次兴兵,终灭吴国,夫差自刎而死。孙武的由吴王统一华夏的梦想也随之破灭。

亚历山大

　　两千多年前，在希腊北部的马其顿王国里，出现了一位震惊世界的征服者——亚历山大。他20岁登上马其顿国王的宝座，经过13年的攻城略地，控制了整个希腊，并征服了强大的波斯帝国。在横跨欧、亚、非三洲的辽阔土地上，建立起了一个以巴比伦为首都，西起希腊、马其顿，东到印度恒河流域，南临尼罗河第一瀑布，北至药杀水（中亚位于咸海的锡尔河）的庞大帝国，促进了东西方文化的交流和经济的发展，创下了前无古人的辉煌业绩。

　　毫无疑问，对于西方乃至世界文明的发展，亚历山大比历史上任何一位欧洲人都更具有深远的影响。

国王之子

⬆ 亚历山大之父——腓力二世

⬆ 12岁的亚历山大驯服烈马。

　　公元前356年，亚历山大生于马其顿王国的首都培拉。他的父亲腓力二世是马其顿国王，母亲奥林匹娅斯不仅性格刚烈而且智慧过人。亚历山大继承了父母的优点。

　　腓力二世是一位天才的统帅，一生进行过多次战争，他最先挥师北上，征服了希腊以北一带地区；随即又挥师南下，征服了希腊大部分地区；随之建立了希腊城邦联合政府，从而使马其顿逐渐变成一个强大的国家。腓力二世考虑问题往往十分深远和讲求实际，善于施谋用诈。他不仅训练出了一支强大的军队和拥有著称于世的"马其顿方阵"，还十分善于在作战中进行广泛而频繁的机动，通过机动创造和捕捉战机来战胜一个个对手。

　　腓力二世身上所表现出来的这种冷静、追求实效和长于用计的优点，很自然对亚历山大的成长产生了重要的影响。事实也是如此，亚历山大正是由于很好地继承了腓力二世身上所有的这些优点，使其在以后的征战岁月中能够表现出非凡的胆略和睿智，用兵自如，屡战屡胜。如果说腓力二世教给亚历山大更多的是如何领兵作战之术的话，那么作为母亲的奥林匹娅斯则传给了亚历山大另外一种富于激情和幻想的特质。

　　正是由于受到这种特殊生长环境的熏陶，亚历山大似乎天生就具有野心勃勃、狂妄自大和唯我独尊的张扬禀性。12岁时，他就曾驯服过别的骑手不能驾驭的烈马，亚历山大为其取名为布塞法鲁斯，后来，这匹马随他征战一生。

　　亚历山大孩提时代所表现出来的非凡气质和胆略，使腓力二世感到由衷的欣慰。为了使儿子巨大的潜质充分挖掘出来，使其日后能够不负众望，继承王位，把自己开创的王国大业推向新的高峰，腓力二世煞费苦心地培养亚历山大，并把这件事当成自己重要的大事来对待。

　　在对亚历山大的培养中，腓力二世有着明

晰的思路。他认为不仅要使亚历山大具有竞技者般的强健体魄和刚强的意志，而且还需要使他具有多种才干，如具有哲人的大脑、王者的气派、诗人的激情等等。为此，一方面腓力二世让亚历山大从小就在严冬和酷暑中接受跑步、骑马、掷标枪等项目的训练，以期使他具有不凡的身手；另一方面腓力二世还给亚历山大请来了很多的高人和名师，让他们全力栽培亚历山大，效果非常明显。腓力二世请来的这些人对亚历山大眼界的开阔、知识的丰富、社会理想的形成以及精通治国驭民之术都有重要的作用。而在这些人中，当时希腊鼎鼎有名的博学之士、大哲学家亚里士多德对亚历山大的影响最大。

在亚里士多德的指导下，亚历山大研读了许多重要的书籍，如荷马史诗的代表作《伊里亚特》和《奥德赛》，由希腊学者色诺芬编撰的记录希腊人远征波斯的名篇《远征记》，以及亚里士多德研究政治的代表作《雅典政制》等。在三年的学习中，亚历山大学习的内容涉及哲学、政治、经济、伦理、自然、地理等各个方面知识，对亚历山大影响很大。

⬆亚里士多德教授亚历山大。亚里士多德是古代史上最伟大的哲学家、科学家和教育家。亚历山大曾说他爱亚里士多德胜过爱父亲。因为父亲给了他生命，而老师则给了他高贵的生活。

在结束了三年的学习后，亚历山大奉命进入父亲腓力二世的军队，开始了他的军旅生涯。16岁时，腓力二世远征反叛的马欧迪，亚历山大留守马其顿，代行国王职权，显示了主政的才能。

18岁时，亚历山大跟随父亲一起征服希腊，他第一次在战争中表现出自己卓越的组织能力和统帅才干。在与雅典人和底比斯人进行的喀罗尼亚战役中，亚历山大指挥希腊联军军队的左翼，全歼著名的底比斯神圣军团。

公元前336年夏天，马其顿王国的旧都皮拉正在举行腓力二世女儿盛大的结婚典礼。腓力二世在一群喜庆的宾客簇拥下走进礼堂，就在这时，一名卫兵打扮的人突然拔出短剑往腓力二世的胸前刺去，腓力二世来不及躲闪，瞬间倒在血泊之中。刚满20岁的亚历山大理所当然地继承了王位，成为了马其顿的新国王。

平定骚乱

就在腓力二世遇刺身亡后，被腓力二世征服的希腊各城邦国和色雷斯、伊利里亚等地的一些部落纷纷乘机叛乱或宣布独立。王室和宫廷中妄图废新王，篡夺权位者也大有人在。反马其顿派的首领雅典人德摩斯梯尼为腓力二世的死而连日庆祝，他身穿节日的盛装、头戴花环，在雅典议会的会议上向大家发布这一好消息，并轻蔑地将亚历山大称为"小孩儿"。

亚历山大知道这件事后，大声说道："兵临雅典城下时，他们就会知道，我已经不是小孩儿了！"

这位年仅20岁的统帅首先率军进至巴尔干半岛北部，征服了背叛自己的伊利里亚诸部落，把色雷斯人击退至多瑙河滨。此时，过去曾与马其顿作对的底比斯人谣传亚历山大阵亡，乘机掀起了反马其顿的轩然大波。底比斯是希腊诸城邦中有名的大城邦，这次暴乱如果平息不下去，后果不堪设想。

亚历山大闻讯后，当机立断，火速挥师南下，以闪电般的速度出敌意外地出现在底比斯城下。当惊讶万分的底比斯人看见亚历山大和他的军队时，简直不能相信自己的眼睛，无不惊慌失措。

底比斯城被攻陷了，这座著名的希腊古城变成了一堆瓦砾，全部居民都被变卖为奴，只有过去和腓力二世或亚历山大友好或赞助过马其顿的人除外。

亚历山大达到了预期的目的，底比斯的毁灭起到了杀一儆百的作用。底比斯的结局传到希腊各地之后，希腊各城邦望风归顺，纷纷表示臣服。正在为底比斯人暴动而举行宗教庆祝仪式的雅典人于惊慌之中立即中止庆祝活动，选派使团前往亚历山大那里恳求宽恕。不久，各邦国又统一在亚历山大的领导之下，承认亚历山大为最高统帅。

20岁的亚历山大就这样在短短的两年里平息了骚乱，成为整个希腊世界的盟主。为了进一步巩固自己的地位，亚历山大在诸位威震希腊的马其顿将军的陪伴下，亲率大

⚑腓力二世遇刺。

军迅速南下科林斯,召开了3次科林斯同盟(即全希腊的联盟)大会。

▣ 底比斯城被攻陷后,亚历山大将所有幸存的底比斯人变卖为奴隶。

在科林斯同盟会议上,亚历山大发表了强有力的演说,他阐释了希腊归于一统、制止一切内部战争、组成马其顿-希腊联军向波斯进军等观念。希腊各邦派出参加会议的代表无不被亚历山大的气质、才智、勇气和坚毅所折服。他们感到这是一个胜过腓力二世并且更加可畏的盟主,某些代表由衷地感叹,与亚历山大的统治作对,只能是自取灭亡。

在完全确立了国王和盟主的地位后,为了实现自己征服世界的雄心,亚历山大很快把精力转移到父亲腓力二世生前未完成的东征计划——征服领土辽阔而又财富滚滚的波斯。这个东征计划的各项工作,早在腓力二世在位时就已经准备好了。

亚历山大在父亲留下的强大军事力量的基础上,又进行了多方面的完善,他首先准备了一个杰出的智囊团,此外,他还在军中配齐全了各方面的人才。为了保卫交通线,以便与马其顿和希腊各邦保持联系,亚历山大把这件极为棘手难办的事交给了老将安提培特和他的侄子哈帕鲁斯全权处理。事后证明,这一举措非常有效,在亚历山大长达10年的长途征战中,交通线始终保持畅通无阻,不能不说是个奇迹。

亚历山大的军事准备中,最令人瞩目的新式军事装备要数攻城车(包括攻城塔和攻城槌)。这种攻城车算得上当

▣ 公元前336年底比斯被亚历山大大帝毁灭。图为底比斯古城遗址。

世界大军事家成功故事

时最为先进的军事装备了。尽管攻城塔之类的作战机械在那时已经有了，但亚历山大军中研制出来的攻城塔却与众不同。攻城塔的底端装有数个轮子，轮子的外表包有数层防火的皮革。塔高约46米，高度可以随意调整，顶端可以被推放在城墙的任何部位，士兵可以从塔端攻入城中。而攻城槌是一个长约30米，两端包有金属的横木，它是用来撞击城门的有效武器。攻城塔和攻城槌的使用大大提高了军队的攻坚能力。

至此，亚历山大已经做好了一切远征波斯的准备，军队也已达到了有史以来的顶峰。无疑，这时正是远征波斯的大好时机。

格拉尼卡斯战役

两百年来，波斯人统治着广阔的领土，从地中海一直蔓延到印度。虽然波斯施行强权的鼎盛时期已成为过去，但仍是一个可怕的敌对势力，仍是地球上领域最广（约是马其顿国土面积的50倍）、财富最多、军力最强的帝国。

而亚历山大要征服的，正是这样一个庞大的帝国。

公元前335年秋，亚历山大以马其顿军为主，雇佣兵和各邦盟军为辅，组成一支约3万步兵、5000骑兵、160艘舰船的远征联军。公元前334年初春，亚历山大授权安提帕特将军摄政，亲率远征军浩浩荡荡从都城培拉出发，开始了长达10年的东征之战。从此，亚历山大一直在远征中度过，再也没有回到希腊。他们沿着腓力二世当年踏过的足迹，一路昼行夜宿，20天后，进入了希腊东部沿海一带，然后渡过了波涛汹涌的赫勒斯滂海峡(今达达尼尔海峡)。

踏上亚细亚的土地，亚历山大立即率领部队向格拉尼卡斯河挺进。波斯军队已在格拉尼卡斯河(今土耳其境内)对岸扎下营寨，他们拥有10万大军和400艘战舰。作战之前，波斯雇佣兵统领迈农将军曾提出不要同马其顿－希腊联军(以下简称希腊联军)进行刀对刀、枪对

↑亚历山大率领大军正向格拉尼卡斯河挺进。

枪的正面作战。在战略上,他建议进行"持久战",向腹地退却,并建议对撤退地区采取"焦土政策",即不给希腊联军留下任何完好的城市、乡村和一粒粮食,亚历山大的军队就会不战自溃。这个提议遭到了大多数波斯将领们的坚决反对,他们决定在格拉尼卡斯河与希腊联军决一高下。于是,波斯军队很快进行了部署,他们把骑兵调至河岸的边缘上,错误地把步兵摆在了具有快速冲击能力的骑兵的身后,限制了骑兵的发挥。

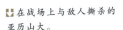

在格拉尼卡斯战役中,亚历山大的军队乘坐的是当时最先进的三层桨战船。

亚历山大正确估计了敌我形势,召集众位将领布置作战任务。他指派巴尔米尼奥之子菲罗塔斯将军为右翼攻击部队的司令,该部包括方阵步兵、地方骑兵、弓箭手、标枪兵和阿格瑞安部队。左翼攻击部队的司令由巴尔米尼奥将军担任,该部包括方阵步兵、马其顿重装骑兵、联合骑兵部队、色雷斯部队等。亚历山大本人则带一队近卫骑兵随右翼攻击部队行动。左右两支攻击部队在河岸成一线配置。

波斯方面的部队按原定方案部署,其第一线是骑兵部队,他们在格拉尼卡斯河右岸形成了一个正面宽、纵深小的骑兵方阵。第二线步兵紧随骑兵之后部署。格拉尼卡斯河由东北流向西南,因河的右岸很高,波斯军队凭借这种有利地形很容易就形成了居高临下之势。

一声响亮的号角响起,亚历山大拍打坐骑,率先冲入水中。第一线的进攻部队也纷纷跳入河中。进攻部队采取楔式队形与水流方向成斜角前进,可以形成密集的队形攻击波斯军队。担任右翼攻击部队的先锋是一个骑兵中队。当他们抵近河右岸时,波斯军队从高高的河岸上先是射下一阵排箭,而后又向下投出密密匝匝的标枪。亚历山大的骑兵部队拼命想冲上右岸,而波斯骑兵则奋力阻拦,双方在河右岸一带展开了骑兵大混战。经过一阵短促而激烈的拼杀,希腊联军右翼的先锋部队在波斯军队的顽强抵抗下失利。担任先锋的骑兵部队大部分战死,只有少数人撤到了亚历山大的面前。

亚历山大立即命令右翼大军再次发起

在战场上与敌人撕杀的亚历山大。

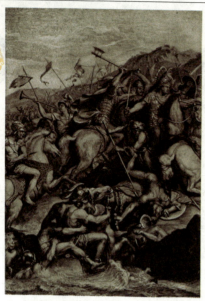

在格拉尼卡斯战役中,亚历山大表现得无比英勇,好几次险些丧命。上图描绘的是一名波斯将军举起大弯刀向尚未察觉的亚历山大劈来,在这关键之际,亚历山大的部将先举刀劈向这名偷袭的波斯将军,救下了亚历山大。

了强大的攻击,双方又在河岸一带展开了激战。亚历山大身先士卒,带领近卫骑兵队率先冲入波斯军中,紧接着,一批又一批的士兵涌上河岸。战斗虽然是在步兵战线上进行,但此时已变成了一场骑兵大战。局势很快就扭转了,亚历山大的军队渐渐占了上风。

在战斗中,亚历山大表现出了无比的神勇。他的胸铠被标枪射穿,头盔的一块被砍去了,亚历山大险些丧命。当大批骑兵赶来并击溃亚历山大身边的波斯军队时,这场战役已接近尾声了。

希腊联军现在已经全部来到了河右岸,凶猛的骑兵和威震天下的方阵兵显示出了强大的战斗力。波斯军队的战线在亚历山大所处这一带开始向后陷时,其两翼的骑兵部队也被突破了,波斯军队急切地逃命,士兵死伤 1000 余名。

亚历山大指挥军队冲向负隅顽抗的波斯希腊雇佣兵。当坚守阵地的希腊雇佣兵还未醒过神来时就被希腊联军团团围住,结果只能束手就擒。

在这次战役中,希腊联军有 100 多人阵亡,波斯有 10 余名高级将领阵亡,其中包括大流士三世的儿子阿布帕利斯,女婿色瑞达斯和小舅子弗那西斯。

格拉尼卡斯战役最终以希腊联军获胜而告终,这次战役彻底摧毁了波斯军队的士气,震慑了小亚细亚沿岸各城邦,大多数希腊人把亚历山大当成了救星,期盼着亚历山大的早日到来。

伊苏斯战役

格拉尼卡斯战役之后,希腊联军继续南征叙利亚沿海地区,并朝腓尼基进发。

公元前 334 年深秋,希腊联军到达小亚细亚中部的戈尔狄翁,在那里与派出追歼哈里卡那萨斯残敌的部分希腊联军会合。

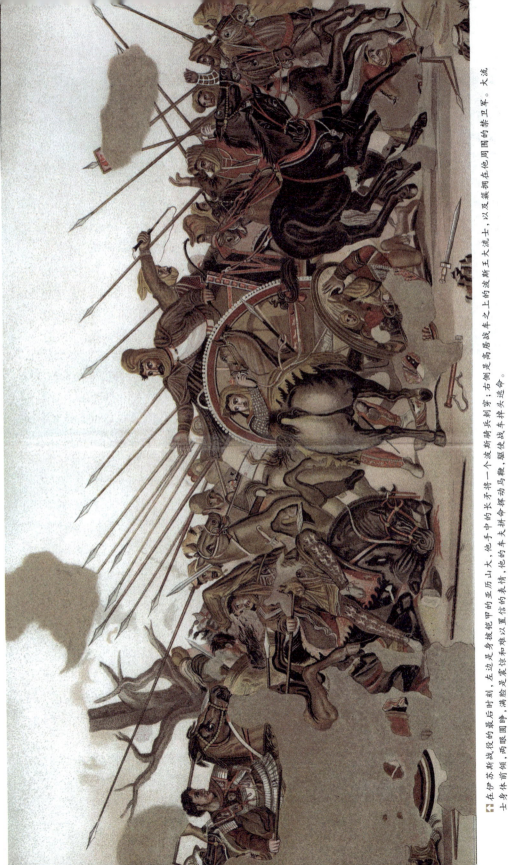

在伊苏斯战役的最后时刻，左边是身披铠甲的亚历山大，他手中的长矛将一个波斯骑兵刺穿；右侧是高居战车之上的波斯王大流士，以及蔟拥在他周围的禁卫军。大流士身体前倾，两眼圆睁，满脸是惊和震惊和置信的表情，他的车夫拼命挥动马鞭，驱使战车掉头逃命。

亚历山大像

公元前333年春天，亚历山大对整个部队重新作了调整后，便率领3万大军沿海岸向叙利亚挺进。他们从戈尔狄翁出发，通过卡帕多西亚，经过一路艰苦的行军，希腊联军到达了小亚细亚古城附近的伊苏斯(今土耳其伊斯肯德仑北)。

此时，波斯王大流士三世御驾亲征，他已集中一支大军驻扎在索契附近宽阔的平原。这个地形对于数量大、装备多的波斯大军颇为有利，对骑兵的调度也极为方便。然而，大流士三世后来却把军队开进地势狭窄的伊苏斯城一带，准备在这里设防。这里东面是高山，西面是大海，他的军队既无法发挥数量上的优势，又不能使骑兵和弓箭发挥效力，地形于他们非常不利。

当亚历山大得知波斯军已经到了他们的后方时，感到非常震惊，但亚历山大没有惊慌，在探明消息后，亚历山大立即召集将领研究作战计划。他分析了双方的有利条件，也谈到了面临的艰险，并进行了一番精彩的演讲，将士们的士气被鼓舞起来了，大家都迫不及待地要求立即出发作战。

傍晚时分，亚历山大率领部队沿大路继续向北，希腊联军一边行军一边调整队形。到了沿海开阔地时，纵队变成了战斗横队前进。右翼一直沿伸到山坡上，由副帅帕曼纽的儿子尼卡诺指挥；左翼由四个营组成。为防止敌人从侧翼迂回包抄，队形一直逼近海边，指挥是副帅帕曼纽。参战的共有2万名步兵和5000多名骑兵。

大流士三世获得这个消息后，他迅速派遣3万名骑兵，2万名轻装步兵推进到皮拉穆斯河南岸，作为先遣部队阻挡敌人，其余部队在皮拉穆斯河北岸展开战斗队形。另外在左翼前方绵延曲折的山坡上又部署了2万名轻装步兵，队形展开后，便调回先遣部队，将骑兵都配置在靠海边的右翼。

对此，亚历山大立即从右翼调集一部分骑兵，以增加左翼的力量，来牵制波斯军的右翼，集中右翼骑兵冲击波斯军左翼，然后从侧后向波斯军中央阵线进攻。与此同时，

亚历山大还派一部分近卫骑兵、长枪骑兵和弓箭手在右后方的山地沿线展开，以防敌人从小山上进行侧面袭击。

一切准备就绪后，希腊联军向河边接近。波斯军则在河岸上列阵等待机会。希腊联军有条不紊地缓步前进，直到进入弓箭的射程以内。

随着一声令下，双方的交战开始了。希腊联军右翼快速前进，猛扑到河边，霎时间，喊声震天。波斯军挡不住希腊联军的快速突击，前面的弓箭手失去效用后，慌忙调头逃跑，而后面的方阵步兵却来不及躲开，与弓箭手撞在一起，结果乱作一团，希腊联军的骑兵乘机冲杀，波斯军左翼很快崩溃。

就在这时，马其顿中央方阵中间出现空隙，波斯军队迅速插了进来。结果，马其顿方阵处境不利，一位马其顿指挥官和120名士兵阵亡，使整个马其顿方阵左翼受到威胁。在这紧要关头，亚历山大率领右翼骑兵迅速赶来，从侧面和背后向波斯方阵发起进攻，形势才得到逆转。

与此同时，希腊联军左翼也展开了一场殊死决战。波斯骑兵勇猛地冲过皮拉穆斯河，向希腊联军的骑兵冲来，企图迫使他们向后退却。波斯骑兵攻势猛烈，寸步不让。习惯于养尊处优的大流士三世看到双方拼死搏击、死伤累累的情景吓得胆颤心惊，他不顾整个战局，丢弃全军独自逃跑了。波斯骑兵看到大流士三世逃跑了，便停止进攻迅速撤退。在撤退中，许多人被马匹践踏而死。希腊联军穷追不舍，许多步兵和骑兵被砍杀。

亚历山大顺利夺占了波斯军营地，俘虏了大流士三世的母亲、妻子和儿女，还有各种穷奢极侈的物品和黄金。此后，亚历山大奖励在战役中所有立功的将士，并为死者举行了隆重的军事葬礼。

公元前333年，亚历山大的军队在伊苏斯大败波斯军队，俘获的波斯士兵不计其数，其中包括大流士三世的母亲、妻子和两个女儿。

这时，大流士三世带着他的一小撮随从和残兵败将总共约4000人马逃到幼发拉底河一带，企图继续和希腊联军对抗。另一部分约8000名希腊雇佣兵逃到腓尼基，从那里渡海到塞浦路斯，然后又去了埃及。

在伊苏斯战役中，希腊联军以3万军队战胜16万大军。双方交战的结果是希腊联军征服了波斯王国的西部，保障了马其顿舰队在爱琴海的霸权，并为希腊联军开辟了通向叙利亚和埃及的道路。通过伊苏斯作战，亚历山大已取得对波斯作战的主动权，他按照既定战略方针南下腓尼基和阿拉伯，夺取波斯的外围地盘。

围歼提尔城

伊苏斯会战后，联军很顺利地越过了叙利亚关口，进军腓尼基地区。亚历山大挥师南下，一路上备受欢迎，先后接受了比布拉斯、西顿等城和塞浦路斯岛的归顺。但是，兵临古老要塞提尔城（今黎巴嫩苏尔）时，却遭到阻挡。

提尔城建筑在离岸不远的海岛上，与大陆隔着一个不宽的海峡，四周筑有坚固的石头城墙，高高耸立海中，易守难攻。当时，波斯舰队仍然掌握着制海权，提尔城人也有大批战船，因而无法对它进行围困，而要把它攻克，是一件很难的事情。一年多来，希腊联军所向披靡，亚历山大没有把一个小小的提尔城放在眼里，他随即命令采取进攻行动。

在提尔城，亚历山大动用了大量的弓箭、抛石机和攻城塔等，但都不是很有效。

公元前332年1月，联军到达提尔城下，可是看到茫茫的大海，骑兵、弓箭和长矛都无计可施。亚历山大来到海港岸边，经过现地勘察，决定由陆地修筑一道长堤，直接通向提尔，让它与大陆连接起来；于是下令征集木料，采掘石块，制造木塔和投石器，立即展开筑堤工作。但这并不是一个轻而易举的工程。筑堤开始阶段，进展颇为顺利，而到逐渐接近提尔城墙时，因为水深超

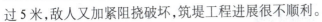

过 5 米，敌人又加紧阻挠破坏，筑堤工程进展很不顺利。

亚历山大这才意识到，必须组建一支相当规模的海军舰队，如果没有海军配合进攻，提尔城就不会被攻克。亚历山大向一些新归顺的属国发布命令，征调它们的部分舰船，用来组建一支联合舰队。该舰队很快在西顿组成，舰船总数超过 200 艘，主要来自腓尼基和塞浦路斯等国家。

经过了半年的时间，在陆海两面不断争斗的较量下，由陆上通往提尔的长堤总算基本上筑成了。亚历山大采用了攻城塔、投石器、穿墙螺旋锥等当时所有先进的攻城武器。公元前 332 年 8 月，希腊联军在强大舰队的配合下终于发起四面围攻，最后攻破了坚固的提尔要塞。城内的提尔公民及外籍人，共有8000 人战死，约 3 万人被俘。这些俘虏，后来全部被出卖充当了奴隶。在整个攻城作战中，联军方面只阵亡 400 人。这次围城战在历史上是非常著名的一次，从公元前 332 年 1 月起，直到 8 月末才被攻陷，整整耗时 7 个月。

亚历山大攻陷提尔后远征埃及、叙利亚、巴勒斯坦，希腊联军在这些地区基本上一路兵不血刃，对方纷纷出城投降。可是在半途中，希腊联军又一次遇到一个不肯归顺的加沙城。联军发起对加沙的进攻，但未能攻破，而亚历山大在作战中负了伤。后来，亚历山大命士兵绕城又修起一道城墙。经过两个月进攻，攻克加沙城，联军杀死了所有的成年男子，并把剩余的孤儿寡妇全部卖为奴隶。

加沙陷落后，波斯与西部海上的联系就完全被切断了。亚历山大达到了以陆制海、削弱波斯与西方联系的目的。但南下还有一个任务，那就是继续进军埃及，去解救被波斯统治着的埃及臣民。

埃及是在公元前 343 年再一次被波斯灭亡而沦为行省的。波斯占领军不熟悉埃及的风俗习惯，随意捣毁神殿，屠杀圣牛，残酷压制和剥削公民，埃及人早就对他们深恶痛绝了。

公元前 332 年冬，亚历山大率军进入埃及，他的"解放

城墙上的提尔市民发现亚历山大仍在船上，极力呼喊自己的舰队尽快撤回，但为时已晚。

↑公元前270年，在古埃及的亚历山大城，世界上第一座灯塔——亚历山大港灯塔建起。灯塔高达122米，是当时世界最高的建筑，后来在海洋的侵蚀中消失了。

者"的形象，使得他在埃及的进军异常顺利。在征服埃及的过程中，这位年轻的统帅在尼罗河三角洲临海的地方建立了第一座以他的名字命名的城市——亚历山大城。这座新兴的城市以其优越的地理位置不久便成为最大的贸易中心和东西方文化交汇的历史名城，它的名字一直保留到现在，成为亚历山大留在这个世界上永久的纪念。

亚历山大十分注意笼络埃及的祭司以支持他的统治，为此他慷慨解囊，而且专程前往西瓦绿洲，向埃及的阿蒙神庙作了一次极为隆重的拜祭。埃及的祭司受宠若惊，感激之余竟宣布亚历山大为太阳神阿蒙之子，埃及法老的合法继承人。这样，整个波斯帝国的西部——小亚细亚、腓尼基、巴勒斯坦和埃及便全部处于亚历山大的统治之下，地中海东部已经成为亚历山大帝国的内湖。

在围攻提尔城期间，大流士三世曾派使者向亚历山大提出议和，表示愿意割让幼发拉底河以西直到爱琴海的领土，以巨额金钱赎回自己的母亲、妻子和孩子，并将自己的女儿嫁给亚历山大，希望互相修好成为盟邦。亚历山大拒绝了大流士三世，他明确地告诉使臣：波斯王所提的东西，他唾手可得；而他所需要的，是波斯帝国的王位；求和只有一个条件，就是大流士亲自前来投降，否则，就叫大流士准备迎战。

大流士三世知道已经没有任何和平的希望，于是他把所有向亚历山大提出的建议一笔勾销，开始大力准备新的军事行动。

高加米拉大决战

公元前331年春天，亚历山大率4万名步兵和7000名骑兵从尼罗河流域出发，由古道经腓尼基前往东方，开始了夺取波斯帝国东部的斗争。一场新的决定作战双方命运的战争即将爆发。

为了将要来临的战斗，大流士三世经过了精心的准备。

他从东方各省召募了大量的军队，为他们装备了精良的武器，尤其是刀轮战车，据说摧毁力特别强。波斯军拥有骑兵4万、步兵30万（一说100万）、刀轮战车200辆和来自印度的战象15头。与希腊联军相比，波斯军队具有绝对优势。

大流士三世吸取了伊苏斯之战失败的教训，选择了底格里斯河左岸的高加米拉扎营。这一带是一望无际的平原，有一些高低不平之处，也被波斯军队修整得适合于战车和骑兵驰骋。

这年秋天，亚历山大率领希腊联军渡过了底格里斯河，当了解到波斯军队的情况后，他就让部队就地宿营，在长途跋涉之后休息了4天。之后，他们又继续赶路，来到了高加米拉附近。在这次面临决定双方命运的时刻，从来不怕冒险的亚历山大统帅表现出了一个军事家应有的谨慎。

夜幕降临，决战将在破晓时分一触即发，亚历山大命令联军就地休息，养精蓄锐。大流士三世害怕希腊联军夜里偷袭，便命令士兵全副武装，彻夜不眠。波斯士兵胆战心惊地站了整整一夜。第二天清晨，士兵们无精打采，斗志尽失。大流士三世过早地用恐惧来影响士兵的情绪，这种做法，对战斗无疑非常不利。

第二天清晨，亚历山大率领着精神饱满、士气高昂的部队进入战场。战斗队形的中央是由重装步兵组成的"马其顿方阵"，两翼是轻装步兵和骑兵，并且都配置着第二线部队，一旦波斯军绕到后方，这些部队便可转过身来，击退敌人进攻。

高加米拉战役中，波斯军的刀轮战车摧毁力极强，但是最终还是没有战胜亚历山大的"马其顿方阵"。

在高加米拉平原之上，百万大军扬起的尘埃遮住了太阳的光芒，两支军队在慢慢地接近。大流士三世命令他的左翼前沿部队包围向右延伸的希腊军队右翼，亚历山大则命令他的骑兵向波斯军队的左翼发起冲击。这时，大流士三世出动了他的刀轮战车，企图把亚历山大的"马其顿方阵"冲破。当这些战车一

↑大流士三世在高加米拉战役逃遁。

↑大流士三世在逃窜途中被部下杀死，弃尸路旁。亚历山大在追赶途中找到了他的尸体，将其送回波斯波利斯，葬在波斯皇陵。

接近希腊军队的阵线，部署在最前面的掩护部队便以齐发的排箭进行截击，然后又一齐冲上去揪住缰绳把车夫拉下来，围住拉车的牲口大砍大杀。

当亚历山大得知骑兵已将波斯军队的方阵突破，他便立即命令近卫骑兵和面对突破口的方阵一部分兵力，组成楔形突击队向突破口快速冲击。亚历山大亲率骑兵，高声呐喊，奋不顾身地直扑大流士三世的中军，"马其顿方阵"严整坚实，长矛如林，紧紧逼近。习惯了逃跑的大流士三世见此情景便拨转马头，再次逃之夭夭。波斯的右翼军队仍不知情，继续攻击希腊军队的左翼。亚历山大率领近卫骑兵立即采取全力攻击波斯军的右翼。一场最为激烈的骑兵会战开始了，波斯骑兵一个中队一个中队地展开，和亚历山大的骑兵面对面地冲击。会战双方都力图向前冲击，毫不留情地拼命砍杀，战斗达到了白热化的程度。波斯军乱成一团，终于被强劲的联军挫败了，纷纷逃散。

高加米拉会战以波斯军遭到毁灭性的打击而宣告结束。据史书的记载，亚历山大的部队有100多人战死，但马匹损失了有1000多匹，而波斯部队战死的多达30万，剩下的均被俘虏。

高加米拉一战，宣告了波斯帝国的灭亡。大流士三世虽然率领3000名骑兵和6000名步兵逃出战场，但不久之后就被他的部将杀死了。大流士三世的死表明了古波斯帝国的终结。东方最大的城市、古代东方文化的中心巴比伦（今伊拉克巴比伦城）毫无抵抗地向亚历山大投降了。随后，他宣布把波斯与马其顿合并，联合组成一个大国，并自封"大帝"，从而真正成了整个波斯帝国的统治者。因此，西方史学家把高加米拉之战称为"改变了古代世界局势的会战"。

亚历山大进入巴比伦。

↑亚历山大大帝在苏萨举办的集体婚礼。

在高加米拉战役期间，亚历山大娶了大流士的女儿与另一位被俘的亚洲公主为妻，结为政治联姻。他还为3000名马其顿士兵择妻，集东西方习俗于一体，举办了盛大婚礼。他不仅训练了一支波斯骑兵队，而且选了3万名波斯人接受马其顿的军事训练。亚历山大这种东西结合的思想与行为具有深远的历史意义，但在当时却引起了很多幕僚的不满。

希达斯皮斯河战役

不可一世的波斯帝国灭亡了，但是，成为"万王之王"的亚历山大并不满足已经取得的辉煌业绩，他还想在极其遥远的世界尽头建立自己的统治。为肃清盘据在原波斯帝国东部的残敌，亚历山大率军翻过中亚的兴都库什大雪山，攻入巴克特里亚地区（今阿富汗）。

公元前327年，亚历山大率军离开中亚，向印度进发，印度各邦统治者纷纷臣服。但当他们抵达印度一个叫希达斯皮斯河岸的时候，却遭到了印度的一个小国波拉伐斯人的顽强抵抗。

波拉伐斯国王波拉斯把他的部队全部布置在经过希达斯皮斯的要道上以阻止亚历山大。他集结了4000名骑兵、3万步兵、300辆战车和200头发狂的战象，波拉斯国王则亲自指挥军队在对岸重点防守。

在营地，亚历山大可以清清楚楚地看清对岸装备齐备、阵容严整的印度军队。

亚历山大一面派人速去印度河边调运船只，一面率领部队开赴希达斯皮斯河，在河西岸扎下了大营。渡河要用的船只很快就运到了，亚历山大故意当着印度军放掉渡河的船只和皮筏，屯集给养，进行骑兵演习等。印度军看到这些假象，以为希腊军队已经放弃进攻的打算，便不再警惕。

见印度军中计，亚历山大便留大部分部队驻守营区，掩人耳目，他亲自率领5000名精骑兵、1万名步兵从希拉斯皮斯河上游一处地方准备偷渡登陆。当天晚上大雨滂沱，亚历山大率军穿过层层防守的河流，终于成功登陆。登陆后，亚历山大率领着骑兵全速前进，命令马上弓箭手充当前卫，步兵以急行军速度在后面跟进。

波拉斯得到希腊联军渡河的消息后，派儿子小波拉斯带领2000名骑兵和120辆战车迎击。这时，希腊联军已经全部渡过河来。希腊联军的骑兵在进军途中与小波拉斯相遇，双方开始进行激烈的战斗。印度军看到亚历山大亲自率领着骑兵一队接一队向他们发起密集的冲锋时，忽然吓昏了头，掉头就跑。印度方面的400名骑兵战死，小波拉斯也战死了。在溃逃中，所有战车和各小队印度步兵都成了俘虏。

国王波拉斯听到这个消息，才知道事态已经很严重，他立刻率领全军迎着亚历山大奋勇开去。波拉斯到达一片平坦的沙地，让部队在这里摆开一个阵势。第一条战线是200头战象；步兵站在战象的后面，构成第二条战线。

见此情形，亚历山大便命令骑兵停止前进，等后边的方阵步兵和他会合。他判断了双方的形势，决定调开敌人，打乱阵势，乱中取胜。一番布置之后，亚历山大便命令优势骑兵向自己的右前方逼近。

决战在即，亚历山大一声呐喊，1000名马上弓箭手随着呼啸而去的箭雨，排山倒海般压向敌阵。印度军左翼的骑兵抵不住排箭的袭击和马匹的冲撞，顿时阵脚大乱。亚历山大骑兵中队紧跟着又飞驰而上，与印度骑兵战成一团。波拉斯看到自己的左翼遭到敌人的攻击，忙把右翼骑兵调过来，这时，亚历山大留在这一侧的

⬆ 描绘希达斯皮斯河战役的场景

两支骑兵在印度骑兵的背后出现了，印度骑兵腹背受敌。波拉斯被迫把所有骑兵改为双重队形，以数量较大、战斗力最强的一部分面对亚历山大，另一部分应付背后。波拉斯的驯象兵见希腊联军的骑兵冲来，就赶着战象上前阻拦。这时，亚历山大的骑兵后撤，一直等待机会的马其顿方阵步兵欢呼着奋勇杀去，他们从后面围攻象队，朝赶象的印度兵和象群放箭、投掷标枪。受到攻击的象群向马其顿方阵冲去，眨眼间，密集的方阵被冲得七零八落。然而，不可一世的马其顿方阵又迅速聚合，进行新的进攻。战象和印度军已经被团团围住，大象由于狂躁，开始不辨敌友，一阵胡乱踩踏，印度军乱成了一团，很多人惨死在大象蹄下。这时，亚历山大率骑兵围攻上来，奋力砍杀大象，猛击残余的印度军。

这场战役最终以希腊联军的胜利而告终，印度步兵死亡近2万人，骑兵约3000人，战车全部被毁，幸存的战象全被俘获。而希腊联军仅死亡骑兵230人，步兵80人。

至此，亚历山大已经建立了一个前所未有、横跨欧亚非的大帝国。后世的罗马人用了几个世纪建立起来的同样大的帝国，亚历山大只用了十几年。因此，亚历山大被誉为西方历史上的"第一名将"。

希达斯皮斯河战役成为亚历山大一生中最后一次战役。然而，在继续南下的路上，热带的雷雨气候、无法通过的森林、令人生畏的毒蛇、无法医治的传染病，使战士们望而却步。已经离乡八载、远征2.5万千米的战士们已疲惫不堪，他们举行集会，公开拒绝继续远征，停止前进。亚历山大被迫终止了他那无休止的征伐，决定班师回国。

公元前325年，亚历山大的军队从印度分成海陆两路撤退。第二年，他们才回到马其顿帝国的新都——巴比伦。由于归途中的大量消耗，亚历山大的军队已所剩无几。

回到巴比伦后，踌躇满志的亚历山大又开始积极准备新的远征，企图征服地中海西部的北非、意大利和西班牙。

↑ 亚历山大在彻底打败波斯军队后，认识到波斯人根本就不是野蛮人，他们与希腊人一样具有智慧和才能，一样值得尊敬。这一点比当时的大多数希腊思想家更具有远见卓识。

公元前323年，亚历山大用了近一年的时间对他的帝国和军队进行改编，这是一次重大的改编，并计划利用这支改编的军队再开展征服活动。

然而，就在出征之前的公元前323年6月初，亚历山大在巴比伦突然因发热而病倒，10天后就猝然死去，终年33岁。他的遗体被葬于尼罗河入海口畔的亚历山大城。

亚历山大生前没有指定接班人，死后不久就出现了一场夺权斗争。昔日的战友们扭打成一团，亚历山大的母亲、妻子和孩子都横遭杀身之祸。他的部将们则在这片国土上纷纷建立起各自的政权，盛极一时的亚历山大帝国也随之瓦解了。

亚历山大的一生虽然短暂，但却给历史留下了深深的印迹。作为一位富有谋略的军事家和政治家，他率领马其顿铁骑在欧亚两洲辽阔的土地上建立起一个西起希腊、马其顿，东到印度恒河流域，南临尼罗河第一瀑布，北至药杀水（位于咸海的锡尔河），以巴比伦为首都的庞大帝国。

虽然，在亚历山大死后，他的帝国很快就瓦解了，但他的影响并没有因此而消失。亚历山大的远征开辟了比以前更为宽阔的东西方贸易通路，促进了东西方文化的交流，东西方的思想、智慧和文化艺术合炉而冶，相得益彰，孕育了公元前4世纪至公元前1世纪地中海东部各地科学和艺术的繁荣，在世界文化发展的历史上留下了光辉的一页。

大 事 年 表

公元前 356 年　　亚历山大生于马其顿王国的首都培拉。

公元前 338 年　　18 岁的亚历山大跟随父亲一起征服希腊。

公元前 336 年　　亚历山大的父亲腓力二世被刺死,亚历山大继承了王位。

公元前 335 年　　亚历山大组成一支远征联军。

公元前 334 年　　亚历山大亲率远征军开始了长达 10 年的东征。

公元前 333 年　　亚历山大率军在伊苏斯打败波斯王大流士三世。

公元前 331 年　　亚历山大在高加米拉大战波斯军,大流士三世战死,波斯帝国灭亡。

　　　　　　　　亚历山大率军离开中亚,向印度进发,印度各邦统治者纷纷臣服。

公元前 327 年　　亚历山大的军队回到马其顿帝国的新都——巴比伦。

　　　　　　　　亚历山大改编军队,并计划再次开展征服活动。

公元前 324 年　　6 月初,亚历山大在巴比伦突然发病,10 天后猝然死去,终年 33 岁。

公元前 323 年　　遗体被葬于尼罗河入海口畔的亚历山大城。

恺　撒

恺撒大帝是古罗马共和国的军事统帅和独裁者，出身于罗马著名的尤利乌斯家族。公元前 60 年与庞培、克拉苏结成三头同盟，共同统治罗马共和国，史称"前三头"。后来，恺撒大帝成为集大权于一身的古罗马的军事独裁者，56 岁时被刺死。

恺撒大帝带兵打仗几十年，指挥过的战役大都是出奇制胜，以少胜多。在战争中，他多谋善断，善于抓住战机，特别是能在不利的情况下，以顽强的意志坚持自己的战略意图，扭转战局，表现出高超的军事艺术，为西方许多著名军事统帅所效法。

生于战乱

公元前 1 世纪，古罗马的经济基础发生了巨大变化，已成为西方古典时代奴隶制度最发达的国家。军事掠夺和对被征服地区的压榨，使地中海沿岸各地的财富涌入意大利。经济上的巨大变化，使贵族所垄断的罗马元老院无法适应这个局面。主张改革国家政体的民主派与誓死维护贵族特权的共和派之间的斗争愈演愈烈，大有一触即发的趋势。时代召唤一位能够适应时代的英雄来改变其腐朽的共和制政体，伟大统帅——盖厄斯·儒略·恺撒——就是在这种情况下登上历史舞台。

公元前 100 年 7 月 13 日，盖厄斯·儒略·恺撒出生在罗马一个古老的名门贵族家庭。他的父亲担任过重要官职，母亲则出生于执政官家庭。他的姑父马略则是民主派的代表人物，曾先后七次担任过罗马的执政官；外祖父卢西乌斯·奥莱利乌斯·科塔也曾在公元前 119 年担任过执政官。在恺撒事业的开始阶段，外祖父给了恺撒强有力的支持。这样显赫的身世注定了恺撒辉煌的未来。

恺撒刚刚懂事时，父亲就专门聘请了一位博学多才的高卢先生教儿子学习希腊文。恺撒酷爱古希腊文化，尤其是希腊的古典文学。十几岁时，他就读完了《赫库力斯的功勋》和悲剧《俄狄浦斯》。他还参加了贵族子弟受训团，学习演讲辩论。父亲去世后家道中落，使恺撒过早地品尝到了人生的艰辛。

◆ 罗马王政时代倾覆后，罗马政治转入共和体制，由贵族中选举产生的两名执政官取代了国王。他们掌握国家最高行政、军事权力，并有召集元老院会议和百人团会议之权。

恺撒非常崇拜古希腊名将亚历山大，曾反复读过亚历山大远征记。恺撒渴望自己能像亚历山大一样，纵横驰骋，建功立业，让整个世界都在他的脚下顶礼膜拜。据说，恺撒有一次路过一座神庙，看到庙门旁的亚历山大雕像，泪流满面，他慨叹亚历山大在他这个年纪时已征服半个世界，而自己却默默无闻。

◄19世纪的法国画家是这样表达罗马的共和政体的。她是位健壮的妇女，一手挥舞着橄榄枝，一手持着钢刀。威严的雄狮进一步强化了她的实力。显然她在向所有人召唤和平，但她也绝不畏惧战争。

对恺撒一生产生重要影响的，是他的姑父马略。马略是罗马政治舞台上的一位显赫的人物，一生担任过七次执政官，在罗马共和国的历史上非常罕见。当时，马略是罗马民主派的领袖人物，马略所取得的成就给少年恺撒留下了极其深刻的印象。

公元前83年，恺撒与民主派领袖秦纳的女儿科涅莉亚订婚，加深了他与民主派的关系。民主派领袖马略因病去世，他的部下秦纳成了民主派的领袖人物。就在这时，恺撒和秦纳的女儿科涅莉亚结婚。后来，马略的死对头以苏拉为首的贵族派血腥镇压了以秦纳为首的民主派，成为罗马的军事独裁者。在血腥屠杀中，恺撒的岳父秦纳被杀害，马略的尸骨被苏拉的手下挖出来抛入第伯河，而这时，恺撒的处境可想而知。

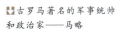
↪古罗马著名的军事统帅和政治家——马略

然而，出于策略上的考虑，苏拉想把民主派中有影响力的人物恺撒拉拢到自己身边，辅佐自己的统治。为了争取到恺撒，苏拉为恺撒亲自安排了一桩婚姻，并一再利诱和威胁恺撒，但被恺撒断然拒绝了。苏拉恼羞成怒，下令解除了恺撒祭司的职务，没收了恺撒妻子科涅莉亚的所有财产，并下令杀死恺撒。恺撒被迫逃离罗马，乔装流浪，四处躲藏，但不久就被逮捕。后来，靠他母亲通过一些元老向苏拉求情，苏拉才不得不勉强赦免了恺撒。虽然如此，为了安全起见，恺撒还是离开了罗马。

战胜马略后，苏拉成为集立法、行政、司法、经济、军事等大权于一身的名副其实的独裁者。

崭露头角

共和末年，海盗活动日益猖獗。他们在东方各行省的沿海城市和意大利本土上杀人越货，就连罗马城的外港奥斯几亚也不放过，对此，罗马政府束手无策。

公元前82年至前79年间，恺撒旅居东方。公元前81年，恺撒去了东方的亚细亚行省，在行省长官的手下当了一名军官。从此，恺撒开始了近10年的戎马生涯。其间，恺撒参与了攻占米提列涅的战斗，因为恺撒在战斗中出色的表现而被授予了橡冠的奖赏。他还渡海去了奇利奇亚，参加了那里的清剿海盗的战争。

公元前75年，恺撒去爱琴海中的罗德斯岛拜师进修修辞学。在返回途中，恺撒在法尔玛库撒岛附近遭遇了海盗。海盗们看恺撒衣着和举止不凡，断定他是一位显贵人物，便要恺撒出大量的赎金。凯撒慨然应诺多付一倍的赎金给海盗，并派同伴去筹集。海盗们把恺撒带到了一座孤岛上，约一个月后，赎金送来了，海盗们释放了恺撒。获得自由的恺撒，一上岸，便立刻装备了几艘战船和一支队伍。一天夜晚，恺撒带领这支队伍直扑海盗的孤岛，消灭了这股海盗，并夺回了自己的那笔钱财。

恺撒是在苏拉死后回到罗马的。公元前72年，由于在米提列涅的战争和清剿海盗的出色表现，恺撒获得了第一个通过选举产生的低级职位——军事保民官（罗马官职体系中最低的一级）。

修建于公元72年的古罗马竞技场是古罗马人用于角斗和斗兽表演的地方。其实在恺撒时期，这种极其惨忍的比赛就已经作为一种竞技项目被罗马人所着迷。

 古罗马竞选中，候选人有时候将刻有自己名字的碗赠给选民，用来助选。

由于苏拉独裁统治期间横征暴敛，激起了人们的极大不满。恺撒意识到只有拥有了更大的影响力，才能走上罗马统治者的宝座，所以，他非常注意罗马当时政治局势的发展。于是，他大胆指控苏拉党羽的罪行，在法庭上做精彩演讲，结果虽然没有成功，他的大胆举动却赢得了人们空前的支持和拥护。

公元前 69 年，恺撒再次参与选举，当选为财务官，这一职务是罗马官职体系中第一个正式官职，而且只有 30 岁以上的人才能参与竞选，任期满一年，获胜者将自动获得元老院议员的资格。自苏拉死后，经过了无数次斗争，民主派又活跃了起来。在这期间，恺撒一直在积蓄力量，等待时机。在担任财务官后不久，恺撒的姑妈优莉亚（民主派领袖马略的妻子）去世了，他便趁机努力树立自己的威信。恺撒大肆操办了优莉亚的葬礼，并公然抬出了"罗马公敌"——马略的画像。这一举动，使民主派的斗争热情被极大地煽动起来，恺撒很轻易地赢得了大批拥护者。就这样，借助马略的声望，恺撒成了民主派新的领袖。

公元前 66 年，恺撒被委任以"阿庇亚大道管理人"的头

古罗马的贵族中流行着这样一种娱乐方式——角斗。身强力壮的奴隶都会被选出送入角斗士学校进行培训，然后在大剧场或公开场所彼此角斗，或与野兽搏斗。搏斗中，受伤和死亡是难免的，而奴隶主们就以观看这种血腥的比赛取乐。图为古罗马的角斗士。

竞技场上的角斗士向看台上的恺撒行礼。近旁躺着一个已死的角斗士,他的血液染红了地上的沙子。他会像远处的死者一样,被专人拖离赛场。

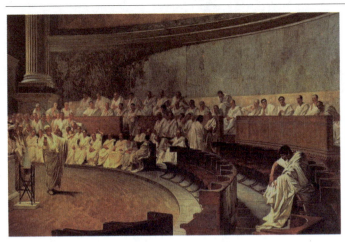

《西塞罗谴责喀提林》。罗马是议会制的国家，一切事务均由元老院商定。图中描绘的是西塞罗当众究责喀提林，发表了他那在历史上著名的演说。喀提林提出答辩，但众人的责骂盖过了他的声音。

衔，负责维护这条连接罗马和布林迪西的通衢大道。第二年，恺撒当选为新的市政官（类似于市长）。市政官主要负责城市的公共设施（特别是神庙）的建设和维护，管理市场和其他罗马日常生活的各个方面的事务，而且这个职务也被视为是十分困难的，因为市政官也需要负责组织最受罗马人欢迎的竞技项目之一大赛马场的活动。然而这项活动的经费非常有限，但是如果市政官想要在他的政治事业上更进一步，他必须为整个罗马城奉献一场盛大的竞技活动，而这就意味着市政官本人必须自己掏腰包。为此，恺撒为公众提供了许多引人入胜的竞技比赛，新建或改建了许多令人印象深刻的公共建筑，带着巨大的荣耀结束了一年的市政官任期，但他却破产了，并债台高筑，严重地威胁到他未来的政治生涯。

公元前63年，罗马的大祭司皮乌斯去世，恺撒提出参加竞选，无疑是向元老院共和派提出挑战。大祭司是一个有着极大荣耀和权威的终身职位，是全罗马神职人员的最高首脑，通常担任这一职位的都是当过执政官的人物。由于当时宗教对政治有着很大的影响力，因而大祭司一职就显得相当重要。虽然恺撒已经债台高筑，但是他仍然以绝对的优势顺利地当选。

恺撒当选了，罗马人欢呼着庆祝新的大祭司的诞生，然而，这一结果使元老院极为不安，他们意识到了这个对手的不平常。不久，恺撒又获得了大法官的职位，一人身兼两个重要职务，此时，恺撒声望大增，权势相当大。

雄辩术在共和罗马时期，通常是议员、行政长官在民众面前发表演讲，争取民众支持的一种政治工具。恺撒当然也不例外，他是一名成功的演讲者。

↑ 庞培

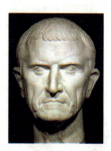

↑ 克拉苏

世界大军事家成功故事

"前三头同盟"

公元前 61 年，大法官任期届满，恺撒获得了出任远西班牙行省（西班牙行省西边罗马共和国的另一个行省）长官的职务，暂时离开了内部斗争激烈的罗马，去远西班牙赴任了。

在远西班牙任职期间，恺撒建立了一支军队，征服了一直不曾屈服于罗马的部族路西塔尼亚（大致相当于今葡萄牙）人和嘉莱奇亚（相当于今西班牙西北部）人，迫使他们向罗马纳贡。这支军队后来成为他自己大军的骨干力量。在内政方面，恺撒也实行了一系列改革措施，他调整了债权人和债务人之间的关系，并且设法让罗马元老院取消了先前强加在当地居民身上的租税，使得远西班牙的形式大为好转。

公元前 60 年，恺撒在远西班牙的任期届满，他就匆忙地返回了罗马参加即将举行的执政官竞选。作为统帅，恺撒归来应举行凯旋仪式，在未举行凯旋仪式之前，凯旋者不能以统帅的身份进入罗马城。能够获得举行凯旋仪式的权利是每个罗马将军梦寐以求的事，但不在罗马城内的人却无权竞选执政官。最后，恺撒不得不放弃了凯旋仪式，以换取执政官的候选人资格。

出于政治上的考虑，恺撒秘密地与当时最有权势的庞培和克拉苏结成联盟，目的是使"这个国家的任何一项措施都不得违反他们三人之一的意愿"。这一同盟实际上就是反对贵族共和制的骑士、平民和军队的大联合，其意义非同寻常。历史学家将这一秘密同盟称为"前三头同盟"。为了巩固这一政治联盟，恺撒将自己 14 岁的独女茱莉娅嫁给了 50 多岁的庞培。

庞培原是苏拉的部将，苏拉死后，在镇压反苏拉运动中权势日益递增。但不久，庞培与元老院产生了矛盾，他因出征东方时颁布了许多法令，给予各地王公贵族及一些城市许多持权，并给随他南征北战的老兵们分一些土地，但元老院却没有同意。对此，庞培深感不满，他渐渐站到了民主派

↑ 恺撒

一边。而罗马首富克拉苏则曾是罗马的执政官,他镇压了公元前73年爆发的斯巴达克领导的奴隶起义。但是,由于克拉苏不是贵族出身,元老院对他不屑一顾,这极大地刺伤了克拉苏,使他倒向了反对贵族共和制的民主派一边。

有了庞培和克拉苏的鼎力相助,恺撒毫不费力地当上了公元前59年的执政官。元老们为了钳制恺撒,他们提出的另一候选人毕布路斯也同时当选。但是恺撒丝毫没有把毕布路斯放在眼里,当毕布路斯对他的提议或者主张有所违背时,恺撒便向其动用武力,而元老们也无人敢对此提出批评,毕布路斯不得不退出所有政治活动,直到任期结束。

第二年,恺撒出任执政官任期已满,又转而出任高卢(先到山南高卢任职,然后在那旁高卢任职)行省总督。担任这一职务使恺撒有权领导三个军团,并且还可以招募一个军团,从而把军事指挥权掌握在自己手中,为他不断扩大自己的军事实力提供了极有力的条件。在政治上,恺撒逐渐获得了平民和城市富商们的支持,成为罗马城中最有影响的人物之一。

🔺高卢人是古代世界中最骁勇好战的民族之一,而高卢人中的厄尔维几族凭勇武远超过高卢的其他各族。

厄尔维几战役

🔻恺撒和他的将士在高卢战场上。

恺撒出任高卢行省总督不久,便把目光投向了广袤富饶的自由高卢地区。在这之前的两个世纪里,罗马和高卢曾多次发生武装冲突,双方互有胜负,但罗马人总不能占得上风。

当时,恺撒出任行省总督的高卢地区可以分为三部分:山南高卢、那旁高卢和山北高卢。山南高卢(内高卢)和那旁高卢都属于罗马的行省,而山北高卢(又称外高卢)居住的是自由的高卢人。该地区尤其是外高卢的部落十分复杂,各部族的巨大差异造成了各种矛盾和冲突,相互兼并厮杀的阴影笼罩着整个外高卢地区。

公元前58年,恺撒率领大部队抵达了山南高卢,他到达高卢行省的时候,外高卢三个较为强大的部落正在那里进行着激烈的争权斗争。

高卢人的头盔

其中埃杜伊人以罗马为靠山，另外两个强大的民族则以北部强大的日耳曼族为靠山，形成两个敌对的阵营。为了斗争的需要，谢克瓦尼人不惜把日耳曼人的军队引渡过莱茵河，并在长期的斗争中战胜了埃杜伊人。同时谢克瓦尼人也不得不把自己的一部分土地割让给日耳曼人。随着日耳曼人的入侵，居住在外高卢西部的厄尔维几人也动了起来，这个民族是周边部落中比较有实力的强大民族，他们的勇武要远远超过高卢的其他民族。

就在恺撒正在向外高卢地区磨刀霍霍的时候，厄尔维几人的首领奥尔及托列克斯出于篡夺王位的野心，极力劝诱本国人带着他们所有的钱财离开自己的领土。在奥尔及托列克斯的带动下，厄尔维几人正在浩浩荡荡地往南迁徙，打算去加卢姆那河（加隆河）口开辟新的居住地。自恃强大的厄尔维几人根本没把罗马人放在眼里，他们选择了通过受罗马控制的宽阔平坦的大道作为迁徙路线。

恺撒闻讯后率领大军连夜赶往厄尔维几人的必经之地——日内瓦。到达日内瓦后，恺撒派人拆除了架设在罗唐纳斯河上的浮桥，并率领外高卢唯一的一支仅由5000多人组成的军团在日内瓦城布防，同时下令在高卢行省大规模地征招军队。厄尔维几人强行通过的努力失败后，便立刻派一使团与恺撒讲和，请求恺撒允许他们经过由罗马管辖的普洛文奇亚地区，并保证他们在途经过程中不会对当地人有任何伤害。恺撒知道仅凭自己现在手中的5000人是无法与这群多达30多万的善战民族相抗衡的。所以，他采取了缓兵之计，含混地回答了厄尔维几人的使者。就在这段时间里，恺撒组织士兵修筑了十多里长的带壕沟的壁垒。当厄尔维几人的使者再次来讨口信时，恺撒便明确表示断然拒绝。厄尔维几人这才知道上了当，便只好改走谢克瓦尼人居住的地区了，这正是恺撒要达到的目的。

当厄尔维几人踏上谢克瓦尼人的领土时，深受其害的谢克瓦尼人和埃杜伊人以及附近的其他部族纷纷前来向恺撒寻求保护，而这时恺撒的大部队也赶到了。于是，恺撒就联合谢克瓦尼、埃杜伊等部族的高卢人共同对付厄尔维几人。

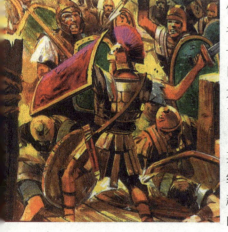

高卢人与罗马人交战

由于恺撒使用了尽量回避与厄尔维几人正面冲突的战术,厄尔维几人便产生了错觉,转而主动挑衅,结成密集的方阵,喊声震天地向恺撒军团的前列冲去。一场激烈的战斗开始了。恺撒翻身下马,慷慨陈词,并命令士兵将包括自己的坐骑在内的马匹赶到离他们看不见的地方。当士兵们看见恺撒都已经置生死于不顾了,而且马匹也没有了,因此都抱着死战到底的决心投入战斗。恺撒军团居高临下掷下轻矛后,厄尔维几人的方阵犹如炸了群的马匹散乱开来,英勇无比的罗马士兵趁机拔矛扬剑,杀入敌阵。高卢人的盾牌质地脆薄,轻矛一刺便穿,厄尔维几人干脆纷纷弃盾露身而战,反而增加了伤亡。战斗至深夜时,厄尔维几人饥困交加,感到力不从心。当东方晨曦微露时,厄尔维几人已被彻底打败了。

厄尔维几战役使恺撒的声名远震整个外高卢,厄尔维几人离乡南迁时约有36万人,战后仅剩下约11万人。厄尔维几人表示永不再与罗马人为敌,恺撒命令他们返回原来的居住地。在厄尔维几战役中,恺撒仅以2万多人的兵力打败了一个30多万的善战民族,这在军事史上不能不说是一个奇迹。

高卢战争的初次胜利,使恺撒的大名威震整个山北高卢地区,许多部族的领袖纷纷前来投靠,这为恺撒统治整个高卢奠定了强有力的基础。

阿利细亚城战役

🔲 恺撒

出征高卢首战获胜之后,就在同一年,恺撒又乘胜第二次出征高卢,与阿里奥维司都斯所统领的12万日耳曼部落军队大战。恺撒在战前成功地激发起全军将士的自尊心和战斗热情,面对凶猛的日耳曼军队毫无畏惧,并经过激烈的交战击溃了日耳曼人,并把他们赶过莱茵河,从而占领了高卢中部地区,开辟了征服莱茵河流域直至整个高卢的道路。

公元前57年,恺撒第三次出征高卢。恺撒与位于高卢东北部占高卢大约三分之一领土的比利格部族结成联盟,

世界大军事家成功故事

高卢人首领奥尔及托列克斯

对罗马军队进行反击。双方打得难分胜负,恺撒便命令他的一支精锐部队在后方埋伏,并一边命令士兵且战且退。比利格人见罗马军队节节后退,以为胜利在望,便一路追击。当他们准备渡河的时候,预先埋伏在河畔的恺撒精锐部队从侧面突然杀出,将比利格军拦腰斩成两段。先过河的一半比利格军立即陷入了绝境,未过河的也乱了阵脚。恺撒趁机指挥大军长驱直入,进入比利格人腹地,沿途追杀了18天之久。这一仗,整个比利格部落几乎毁灭殆尽,600名长老只剩下3名,6万比利格人只有500人存活。此后,恺撒毫不费力地征服了全部比利格人部落。

公元前56年,恺撒对日耳曼诸部落联军采取了假谈真打的战斗策略,从而征服了日耳曼人,取得了高卢战争的全面胜利。恺撒的声望日益递增,军事实力也大大加强了。但是,高卢诸部落并不甘心受罗马的欺压和侵略,相继多次举行起义,均遭到了恺撒的残酷镇压。然而,高卢人毕竟是一个尚武好战的民族,他们并未因此就容忍罗马的征服。

恺撒虽然征服了整个高卢,却并没有建立起任何有效的行政管理机构,只是笼络了一些部落首领,通过他们去控制

公元前52年,恺撒于阿里细亚完成了对高卢的征服。

整个高卢民族,所以,高卢的局势仍然很不稳定,加上罗马人对新占领区的疯狂掠夺和勒索,激起了高卢人的强烈不满。

公元前52年,就在恺撒营部的声声捷报传来时,带着极大仇恨的高卢人终于爆发了遍及整个外高卢地区的大规模的起义。这次起义声势非常浩大,几乎所有地区的高卢人都拿起了武器,参加了起义部队,使起义军多达30万人。起义者首先冲进罗马人占领的钦那布姆镇,把在那里经商的罗马人全部杀死,并劫掠了他们的财物。为了切断罗马人的给养供应,起义者还烧掉了沿大路一带的村庄和29个不易防守的市镇。起义者同时还重创了罗马军队,恺撒一天之内就损失746名百夫长和700名士兵,使他不得不往后撤军。

之后,高卢起义领袖维钦及多列克斯率领联军,准备向罗马军队发起更大的进攻。恺撒下令自己的军团开到起义者屯兵的阿利细亚城下,实行强度密集的攻城作战。由于维钦及多列克斯的固守,恺撒久攻不下,而高卢人则跃跃欲试,想从背后对罗马军团进行反包围。在这种情况下,恺撒下令修筑两道防御工事,工事前挖了密密麻麻的陷阱,陷阱后面挖掘了三道壕沟,壕沟之间相距10米,中间一条壕沟后面耸立着壁垒,他的大军则屯于壁垒之间。

在恺撒看来,高卢人虽然拥有25万人的兵力,但多是乌合之众,他只需等待着感情冲动的高卢人自投罗网。高卢人面对恺撒军队的坚固阵地毫无惧色,他们用泥土、树根甚至大量牺牲战友的尸体填满壕沟和陷阱,奋勇冲杀到罗马人的栅栏前。恺撒见高卢人已上钩,立即派大批后备军绕到高卢人的后面,袭击其营寨。高卢人发现他们的后方突然出现罗马士兵,便急忙后退。这时,罗马骑兵却从他们的两翼进行夹击。在恺撒的前后夹击下,高卢人全线崩溃,大部分战死,首领维钦及多列克斯被俘。余下的残军虽然又坚持作战了数月,但终因群龙无首,不久就在恺撒军团的冲击下崩溃了。

垂死的高卢人雕像。一个受重伤的高卢战士,坐在地上,身向右前方倾斜,右手支撑着地面,左膝屈起,似乎仍想挣扎着站起来,表达了一种不甘屈服的痛苦意志。

这以后,恺撒大军横扫高卢,到公元前50年彻底平息了高卢人的大起义,并建立了山北高卢的管理机构。至此,历时8年的高卢战争终于结束了,自由高卢终于

⬆ 公元前55年～前54年，恺撒曾两次入侵不列颠，均遭到当地人的顽强抵抗，以失败告终。

归入了罗马的版图。在高卢8年的征战中，恺撒率军先后占领了800多座城市，征服了300多个部族，同300万人作战，并消灭了其中的100万、俘虏了其中的100万，战利品更是不计其数，并入罗马版图的土地，总面积达50万平方千米。

高卢战争既是恺撒一生的转折点，也是改变罗马共和国命运的一场远征，因为恺撒通过这一战争铺平了自己通向最高权力的道路，加速了罗马共和国的解体和走向帝制的步伐。当他最终成为集全罗马军、政、司法、神职大权于一身的无冕之王时，共和制的罗马也就变成了恺撒独裁的罗马。

法萨卢战役

恺撒在高卢战争获得的巨大声望，引起了元老院共和派的不安和恐慌。公元前53年，"前三头同盟"之一的克拉苏在东征帕提亚时战败身亡，三头政治不稳，这时，庞培的妻子（恺撒的女儿）病死，元老院顺势从中挑拨拉拢，庞培终于和恺撒决裂，站到元老院一边，两人之间的争斗已在所难免。

公元前49年，恺撒率领军团渡过了意大利边界的卢比孔河，这无疑是向庞培挑起了战争。因为罗马法律规定，任何指挥官都不能带着军队渡过卢比孔河，否则就是罗马的公敌。恺撒的举动激起了庞培及元老院的极度恐慌，毫无准备的庞培急忙渡海逃往巴尔干半岛。于是，恺撒不需要流血就进入了罗马城，轻而易举地成了意大利的主人。

恺撒进入罗马后，对他的政敌采取了怀柔政策，并加封了其中一些高官，尤其赦免了大批庞培的支持者。与此同时，恺撒还命人打开国库，将现金和粮食发给了城内的居民们，并无条件地释放俘虏。如此一来，罗马的政局得以暂时的稳定。

暂时的平静之后，恺撒又率领部队出发了。因为庞培在东方有很大的势力，随时可能进攻罗马和意大利。为了改变被动局面，恺撒准备首先歼灭庞培在西班牙的军队。恺撒对庞培的西班牙军队采用封锁通道等办法，经过一个月的战斗，将庞培留在西班牙的七个主要军团全部歼灭，之后，恺撒占领了整个西班牙。

西班牙战役的胜利，使恺撒当选为罗马的执政官，并宣布为独裁者。不久之后，恺撒率领军队渡海去巴尔干半岛，准备与庞培进行一场大决战。

公元前48年，恺撒与庞培在法萨卢展开了最后的决战。庞培虽然失去了西班牙军队，但他的实力仍然非常强大。庞培拥有步兵5万名、骑兵7000名和600艘战舰，而恺撒只有2万名步兵和1000名骑兵。

8月9日清晨，双方在开阔的法萨卢平原上摆开了阵势。庞培在右翼安置了两个精锐军团，中心是征募的几个叙利亚军团，右翼是彪悍的西班牙步兵中队以及另一个意大利军团。由于战阵的右翼靠着陡峭的河岸，所以庞培把所有的骑兵和弓弩手都集中在左翼，想以此一举突破恺撒的防线。

恺撒的阵势也依次排开，他把自己最心爱的第十军团配置在右翼对付庞培的精锐部队，第八和第九军团配置在左翼，剩下的一个军团则安置在中央。恺撒担心自己的右翼可能会被敌军的优势骑兵所包抄，便挑选出一个步兵中队组成了第四道防线，并隐蔽在后方。

决战在即，恺撒一声令下，勇猛的第十军团便直扑敌阵。双方中央的士兵交织在一起，杀得难分难解。形势于恺撒军队极为不利，因为庞培的骑兵部队打垮了恺撒的骑兵封锁，开始向恺撒军团包围过来，骑兵支持不住纷纷后退。就在这时，恺撒对隐蔽在后面的步兵中队发出了战斗信号，瞬间，步兵中队挥刀舞剑，勇猛地直扑庞培的骑兵，用长矛拼命刺杀。庞培的骑

世界大军事家成功故事

公元前49年1月，恺撒带领着自己从高卢带来的军团渡过卢比孔河的时候，他无疑挑起了与罗马的当权者（主要是庞培和元老院中的贵族共和派）的内战，同时也将自己置于了叛国者的危险境地。

↑埃及女王克娄帕特拉想借助罗马人的兵力，夺回自己的王位，使用美色诱惑恺撒，把自己裹在地毯里命士兵送到恺撒住处。

兵猝不及防，纷纷向后退去，恺撒步兵越战越勇，骑兵无法抵挡，拨马便逃。骑兵的逃亡，使所有的弓弩手和投石兵失去了防御屏障，左翼的步兵也没有了保护。恺撒步兵制胜后迅速插到庞培左翼步兵的侧面，而已被打退的恺撒骑兵也迅速加入战斗，庞培左翼受到两面夹攻。这时，恺撒大军展开了全面的进攻，喊杀声响彻整个战场，战斗进入了高潮。庞培大军被击溃，庞培同盟军见此情景，纷纷逃亡，而庞培本人也带着几个亲信逃之夭夭。

法萨卢战役以恺撒的彻底胜利而告结束。恺撒大军总共歼敌约 1.5 万人，俘虏约 2.4 万人，而恺撒损失的将士还不到 200 人。战败后的庞培逃往埃及，被埃及国王托勒密谋杀。恺撒借此来到埃及，一并将埃及征服，纳入罗马的版图。然后，恺撒又一鼓作气肃清了庞培在非洲和西班牙的所有残部。到公元前 46 年初夏，历时近 4 年的内战终于结束了。

惨遭谋杀

公元前 46 年，恺撒回到罗马，人们对他的尊敬、畏惧和崇拜是空前的。他很快被推举为终身独裁官和为期 10 年的执政官，并被宣称为祖国之父，他的身体被宣称为神圣不可侵犯。

执政期间，恺撒顺应历史潮流，果断地采取了一系列的改革措施。他改组元老院，健全政府机构，加强中央集权，改善行省管理制度，扩大公民权，提高行省和意大利自治城市的地位。同时，在经济上，恺撒建立了一套由国家直接征收赋税的制度，取消了包税制。另外，他还进行了司法改革和历法改革，基本上完成了向君主独裁制的过渡。

🔺 公元前44年3月5日,恺撒刚在元老院入座,就被反对派团团围住并遭到攻击,身中23刀而亡。

被恺撒重新统一了的罗马帝国已不再是过去的那个软弱无力的旧的罗马共和国,而是一个全新的中央集权的军事独裁国家。

但是,恺撒对罗马的改革政策却引起了部分固守共和国传统的元老院贵族的严重不满。公元前44年,在元老院的密谋下,恺撒惨遭杀害,结束了他忙碌的一生。

🔺 屋大维结束了一个世纪的内战,开创了罗马帝国,是罗马最伟大的皇帝之一。

恺撒死后,罗马发生了争夺继承权的斗争。元老院贵族原以为杀死恺撒就能变独裁为共和制,但在公元前43年,恺撒的密友安东尼和骑兵统帅雷必达以及恺撒的甥孙,后被收为养子的屋大维公开结成同盟,史称"后三头"。"后三头"在"为恺撒报仇"的口号下发布了公敌宣告,实行大屠杀。献上"公敌"头颅者可以获得重赏,为奴者可获得自由和公民权。大约有300名元老和2000名骑士被杀死,财产被没收。不久以后,"后三头"分裂,屋大维脱颖而出,于公元前30年掌握政权,在恺撒奠立的基础上,彻底完成了把奴隶制的罗马共和国改建成帝国的任务,实现了恺撒未竟的事业。

恺撒的一生多是在战争中度过的,他除了留给后世一个古代最负盛名的帝国,还有两部流传至今具有文学价值的军事著作——《高卢战记》和《内战记》,以及一部历法——《儒略历》,这些以使恺撒成为一名流芳千古的军事家。

大事年表

公元前 100 年	7 月 13 日,盖厄斯·儒略·恺撒出生在罗马一个贵族家庭。
公元前 81 年	恺撒去了东方的亚细亚行省,在行省长官的手下当了一名军官。
公元前 75 年	恺撒去爱琴海中的罗德斯岛拜师进修修辞学。
公元前 72 年	恺撒获得了通过选举产生的军事保民官的职位。
公元前 69 年	恺撒当选为财务官。
公元前 66 年	恺撒被委任以"阿庇亚大道管理人"的头衔。
公元前 63 年	恺撒当选为全罗马神职人员的最高首脑——大祭司。
公元前 61 年	恺撒获取了出任远西班牙行省长官的职务,前往远西班牙赴任。
公元前 59 年	恺撒当选为罗马的执政官。
公元前 58 年	恺撒出征高卢,取得初次胜利。
公元前 48 年	恺撒与庞培在法萨卢展开了最后的决战,庞培大败。
公元前 44 年	在元老院的密谋下,恺撒惨遭杀害,终年 56 岁。

成吉思汗

　　成吉思汗，即元太祖铁木真，是我国历史上一位叱咤风云的人物。他统一了广阔无垠的北方蒙古草原。成吉思汗戎马生涯近 50 年，他利用游牧民族的骑兵优势征战四方，并且善于治军。在战略上，他重视联远攻近，力避树敌过多；用兵注重详探敌情、分割包围、佯退诱敌等战法。

　　在几十年的征战里，成吉思汗打开了欧亚大陆的交通，促进了东西方文化的交流。

贵族血统

↑象征蒙古战神的"苏鲁锭"

　　蒙古族是我国历史上北方一个古老的游牧民族,大约在 9 世纪前后,他们从今蒙古东部西迁到漠北草原。公元 12 世纪初,蒙古高原已步入了奴隶制社会。当时,蒙古高原上分布着五大相互对峙的部落集团——蒙古、塔塔尔、克烈、乃蛮和蔑儿乞。蒙古各部落之间为争夺奴隶和财产而相互攻打,征战不休,无力反抗金国的压迫。草原上的人民渴望结束混战,实现各民族的统一,呼唤一位能够替他们解除苦难的英雄。

　　1162 年,蒙古尼仑部落首领也速该率军与蒙古高原东部的塔塔尔部落展开了一场血战。善于用兵的也速该打了胜仗,并俘获了塔塔儿部落首领铁木真·兀格。就在此时,也速该的妻子诃额伦生下了他们的第一个儿子。这个男孩出世时,"手握凝血如赤石",像"苏鲁锭"的形状一样("苏鲁锭"形似长矛,是蒙古族战神的象征)。也速该满心欢喜,为了庆祝这次作战的胜利,便给儿子起名铁木真。也许,当时谁也没有想到,这个在荒凉的北亚细亚草原的一个角落出生的男婴会成为一位震撼世界、改变历史进程的盖世英雄。

　　铁木真属于孛儿只斤氏族,孛儿只斤是从他的十世祖孛端察儿开始兴盛的,成为贵族的姓氏,称为"黄金家族"。到 11 世纪,孛端察儿的七世孙合不勒汗统一了蒙古族各部,被拥戴为蒙古部落联盟的第一任可汗,他的家族后来

↑蒙古人被称为马背上的民族,人人都特别爱马。

世袭掌管蒙古统治权,称为"乞颜氏"。合不勒汗死后,他的从弟俺巴孩做了蒙古可汗。俺巴孩后来在与塔塔儿族人的交往中被捉住交给金国的皇帝,金国人把他钉在木驴上处死。消息传到了尼仑部落,人们恨得咬牙切齿。合不勒的儿子忽图剌做了蒙古可汗,为了替俺巴孩报仇,他曾兴兵攻金,继而攻打塔塔尔族,但一直没有取胜。忽图剌死后,他的侄子也速该以勇猛善战而成为尼仑部落的首领。也速该有巴特尔(勇士)的称号,是蒙古当时的典型贵族,拥有很多牲畜、奴隶和隶属于他的平民,屡次与金国及塔塔尔族作战,在蒙古人中声望显赫。

铁木真一天天长大了,到了9岁的时候,已经非常英俊。父亲也速该便带他到弘吉剌部落去求亲。弘吉剌部落首领一眼看出这个"目中有烨,面上有光"的男孩有着不同凡响的未来,当即将女儿孛儿帖许配给铁木真。在返回途中,也速该正遇上塔塔尔人举行宴会。按照草原民族的习惯,见了宴会就一定要下马赴宴,以示礼貌。塔塔尔人认出也速该就是俘杀自己首领的人,于是在酒中下了毒,也速该回家后毒性发作,离开了人世。

也速该的猝死导致他的家族在这个草原地区的统治立即崩溃,各部众不愿尊奉铁木真这样一个儿童为首领,而纷纷离散,家产被洗劫一空。也速该家族在极端穷困之中挣扎,仅以莓果和土拨鼠等小动物果腹。

🔲 蒙古包是蒙古人创造的一种居所,建造和搬迁都很方便,适于游牧生活。

作为首领的长子,铁木真很早就被传授了马术。3岁起,他就已经开始学习使用弓箭。这时,已经达到立于奔马之上张弓射箭的程度——这种功夫后来使蒙古骑兵在全世界所向披靡。他从母亲的口中知道了许多先祖创业的英勇故事,铁木真立志干一番大事的决心在这时悄悄树立了。

有一次,铁木真的同父异母的弟弟别克帖儿将铁木真钓的鱼抢去弄死了,铁木真向母亲柯额伦告状,被母亲训斥了一顿。铁木真便想找个机会,教训别克帖儿,没想到却失手射死了他。母亲气得脸色苍白,对铁木真大加责罚,并当面折箭,告诉铁木真单箭易折、众矢难摧的道理,告诫他说兄弟间只有团结起来,才能同心抗敌,成就大业。母亲诃额伦的教诲和苦难的生活磨练了铁木真坚强的性格。

世界大军事家成功故事

铁木真称汗

铁木真的成长引起了蒙古部的另一氏族——泰赤乌贵族的不安，他们害怕铁木真兄弟长大后复兴家族势力，威胁自己的地位和利益，于是便派兵将铁木真抓去，想斩草除根，杜绝后患。铁木真先是躲进了森林，后来落入了泰赤乌人的手中。泰赤乌人让他带木枷游行，机智的铁木真找机会用木枷把看守打昏后跳入河中逃跑。

铁木真逐渐意识到，要保护自己，恢复祖业，就要依靠和联合一个强大的部落。于是，他便果断决定投靠蒙古草原上当时势力最大的克烈部，铁木真的父亲曾经帮助过克烈部王罕脱斡邻勒恢复王位。铁木真去见克烈部王罕脱斡邻勒，并送给他一件珍贵的黑貂皮袄，表明会像尊重自己的父亲一样尊重他。脱斡邻勒非常高兴，接纳了铁木真，强大的克烈部成了铁木真的有力后援。从此，铁木真开始收集离散的部众，聚集人才，在各部落扩大自己的影响，开始了创业的历程。

↑ 蒙古人骑兵的箭包

铁木真与其他蒙古氏族尤其是蔑儿乞部宿仇在身，他的父亲曾用暴力从该族抢了妻子诃额伦。多年后蔑儿乞部人报了仇，抢走了铁木真的新娘孛儿帖，把她配给了本族的武士。

铁木真最终找到了这些绑架者，把他们杀光，接着又打败了整个蔑儿乞部，掳掠了蔑儿乞部大批妇女与财物。

至此，铁木真这个远近闻名的武士和天生的领袖已聚拢了大量人马。一批批氏族奴隶投奔而来，一批批英雄好汉慕名而来。两年后，铁木真移营至怯绿连河(克鲁伦河)上游，建立了自己独立的营地，部众被他管理得井井有条。这种富有秩序的组织使他们总能获得更多的猎物，而当一些被饥饿困扰的部落和人们希望获得帮助时，他会慷慨地送给他们足够的食物。铁木真不计前嫌又慷慨慈悲，前来归附的人越来越多。后来，一些乞颜氏贵族也逐渐向铁木真靠拢过来，铁木真的势力范围已经超过了父亲也速该在世时的水平。

↑ 蒙古族的早期村寨是由氏族组成。一个氏族有数百毡帐，列成环形，氏族长老的毡帐居于中央。他们共同游牧，共同驻屯。

铁木真即汗位时的情景

蒙古人的狩猎活动有着极悠久的历史。他们的祖先曾在北亚的山林地带度过了漫长的狩猎生涯。他们后来虽然长期以畜牧业为主，但狩猎活动一直是牧人生活的一部分。

1189 年的一天，铁木真召集了有资格参加推举可汗的贵族会议。到会的 21 个氏族首领和 40 多个兄弟根据萨满教长豁儿赤的建议一致推举铁木真为乞颜氏的可汗。就这样，27 岁的铁木真名正言顺地成了蒙古部落联盟的最高首领。

铁木真进一步施展了他的军事和组织才能。他选拔将领，组建卫队，训练军队，迅速巩固了他的权力和地位。从此，他代表蒙古贵族的利益，适应蒙古社会发展的客观要求，率领 1 万余人，凭借他的杰出谋略和极端冷酷，开始着手统一蒙古草原各部落的战争。

十三翼之战

札答兰部首领札木合的部众里有一些当年也速该的旧部，也速该死后他们投奔到这里。当铁木真的力量不断壮大后，这些部众渐渐又都回到了铁木真的身边。出于政治策略的需要和对当年情境的充分理解，铁木真完全不计较这些人曾经在自己最困难时离开，仍然热情地欢迎了他们。

虽然札木合是铁木真童年时代的好友，但对于铁木真暗中争取自己部众的行为和铁木真一天天的强大，他便开始觉得这个安答迟早要威胁到自己的地位，便对铁木真越发敌视，一场战争已经在所难免。

约 12 世纪 80 年代，为了夺取领导蒙古各部落的统治权，札木合借口其弟被铁木真部下射杀，联合泰赤乌等十三部共 3 万人进攻铁木真，从而开始了历史上著名的十三翼之战。战前，铁木真就已经建立了斡尔朵（宫帐）制度，把部队分为十三古列延（营地），巧妙地将狩猎与游戏变为军事训练，各古列延队形有变化，并进行迂回、包围、攻击、机动等基本战术的演习，使骑兵行动敏捷，作战大胆，适应

蒙古人的弓箭一般都比较长、大，需要 80 千克以上的力才能拉开，射程远，是蒙古骑兵的重要武器。

战争需要,逐渐成为一支守纪律、听指挥的骑兵队伍。

在得到札木合部下亦乞列思人的报告后,铁木真集结部众 1.3 万人,组成十三翼(营)迎敌。铁木真和母亲诃额伦各统一翼军,其余各翼多由乞颜部贵族统领。他将用弓箭武装起来的妇女、儿童部署在古列延内担任防御任务,主力部队则并列成横队,布成冲击队形,以迎敌。双方大战于答兰版朱思(今蒙古温都尔罕西北),厮杀非常惨烈,几乎是白刃战。结果,由于寡不敌众,铁木真失利,退避于斡难河上源狭地。

取胜后的札木合杀戮被俘者,惨不忍睹,引起了各部的不满,纷纷向铁木真投靠。在这次战役中,铁木真虽然失利了,却得到了更多部族的投靠和信任,使他的势力迅速恢复。而胜利者札木合正是在这十三翼之战后,大失民心,一蹶不振,并逐渐走向灭亡。

十三翼之战是铁木真统一蒙古草原各部时的一次重要战役。这次战役是铁木真登上汗位后的一次保卫战,是捍卫政权的正义之战。正是这次战役,铁木真采取了以攻为守的战术,虽败而得民心,在政治上取得了巨大的胜利,成为铁木真兴起的开端。

❖ 成吉思汗骑射图

统一蒙古

公元 1195 年和公元 1196 年,金国两次出兵攻打塔塔尔部。铁木真认为这是为祖父复仇的良机,立即约同克烈部王罕一同出兵助金攻打塔塔尔,使塔塔尔大败于涪勒札河(乌力吉河)。在回军途中,铁木真又趁势攻灭背叛盟约、抄掠其奥鲁(老小营)的主儿勤部。经过这次战役,塔塔尔人从此一蹶不振。而铁木真在这次战役中战功显赫,声威大震,他不但在蒙古族中赢得了"为父复仇"的声望,还得到了金国的封赏,大大提高了他的政治地位。此后,他不断利用手中的权力削弱其他旧贵族的势力和地位,使部落联盟的首领向君主地位转化。

公元1198年，金国又遣军征讨弘吉剌、合答斤、山只昆等部。金国的这几次征伐是为了自己的利益，但从另一方面，却为铁木真夺取富饶的呼伦贝尔草原扫清了障碍。

后来，铁木真又应克烈部王罕之请派兵打败了乃蛮人的进攻，削弱了乃蛮人的势力。这时，铁木真的势力已与王罕不相上下。

1201年，塔塔尔等11个部落立札木合为首领联合起来进攻铁木真。铁木真闻讯后与王罕组成联军迎战札木合于海拉尔河一带。经过激战，终于大破札木合联军，乘胜又打败了泰赤乌部，几乎俘虏了全部百姓。

1202年，铁木真又发动了对塔塔尔人的讨伐。这时他的军队已经十分强大，并且有了严明的纪律。出发前，铁木真向部下申令："如果战胜敌人，不准掠夺，等到完全胜利以后，再共分所得。如果打了败仗，突围回到原来的阵地，然后再返身围杀，如果突围不返，斩首示众！"结果，和塔塔尔人交锋后，铁木真的部众大获全胜，大部分塔塔尔人都沦为战俘。从此，强盛一时的塔塔尔族消失了。

在这些战斗中，铁木真与王罕的决裂和战争是带有决定意义的事件。

消灭塔塔尔人以后，铁木真和王罕的关系开始恶化。这时，札木合已经投到王罕方面来了，他一再离间王罕与铁木真的关系。最初，铁木真不想和强大的克烈部决裂，他打算用联姻的方法来进一步拉拢王罕，却遭到拒绝。

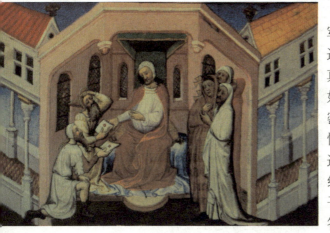

成吉思汗派使者向王罕提出联姻请求，却遭到了拒绝。

1203年，王罕知道铁木真的军队勇猛善战，正面进攻肯定敌不过他，他便和札木合设计邀请铁木真赴宴，想乘机将他杀死。王罕的奴隶黑夜直奔铁木真营，把这个秘密透露给了铁木真。王罕知道事情已经败露，便和札木合一起领兵进攻铁木真。铁木真仓促迎战，但终因寡不敌众而大败。铁木真三子窝阔台等多人负伤，战将忽亦勒答儿等多人战死，铁木真只带领

成吉思汗在与王罕的战争中取得胜利。

19 名侍从侥幸逃脱。几天后,铁木真同溃散部众会集于班朱尼河(内蒙古呼伦湖西南)一带。该地荒无所食,饮无清水,生活极为艰难。面对困境,铁木真却愈加斗志高昂。为了表明战胜克烈部的决心,铁木真与其残兵共饮班朱尼河的浊水解渴,一起以野马为粮,并盟誓共渡难关,重整旗鼓。

经过一段时间休整,铁木真移营至条件相对较好的董哥泽(贝尔湖东)、呼伦湖和克鲁伦河下游一带,一边修整部队,一边聚集部众。到了秋天,他已收集溃散部众 3000 余骑,军事实力已有恢复。然而,铁木真没有急于报仇,他藏而不露地继续以"义子"的身份,派遣使节与王罕讲和,并设计离间王罕父子及札木合等人之间的关系,以加速王罕内部的离心倾向。与此同时,他还派人四处侦察王罕等人的军事情报,以便找准机会,进行反击。

1203 年深秋,密探报告王罕等人正在搭起金帐,连日设宴狂欢。铁木真果断决定乘其不备,发动攻击。他亲率精锐之师,日夜兼程,悄悄地包围了王罕的大营,并卡死所有的山路隘口。双方激战三天三夜,王罕父子终于不敌,被打得大败。王罕西逃,后被乃蛮人杀死。他的儿子亦刺合桑昆到处流窜,最后逃到曲先(新疆库车),被当地首领杀死。

蒙古高原上势力最强大的克烈部落从此瓦解了,这是铁木真戎马生涯中一次最伟大的胜利。从此,蒙古高原上大部分土地都置于铁木真的权力之下,他成了中央蒙古和东部蒙古势力最强的统治者。这场胜利,意味着铁木真的

蒙古骑兵的马鞍制作轻便,骑坐在上面可以任意折旋。

成吉思汗统一漠北，于1206年建立了蒙古汗国，从而结束了漠北数百年的分裂历史。

真正独立与强大。

这时，居于蒙古西南部的乃蛮部成了铁木真统一蒙古的最后一个障碍。

乃蛮部是当时一个最开化的部落联盟，它拥有广阔的牧地和众多的子民。乃蛮虽因国君兄弟的分裂而大为削弱，但仍是两股强大的势力，曾分别与克烈和蒙古进行过多次相互掠夺的战争。铁木真一再的胜利使乃蛮的领袖太阳汗感到深深的不安。他邀请居住在长城以北的汪古惕人来夹击铁木真，但是，汪古惕人拒绝了他的邀请，并把这一消息报告给了铁木真。

为了保证作战成功，铁木真制定了先整军后出战的方略。他将部队按千户、百户、十户统一编组，委派了各级那颜，这就将原来分散的部落组织改编成为一支完全服从于自己的有组织、有纪律的军队组织；设立里必（宰相）之职，管理军民内部政务，以巩固后方，减少出征部队的后顾之忧；建立怯薛（近卫）军，怯薛是在军官和自由民的子弟中选拔，由忠于铁木真、身强力壮的年轻小伙子担任，以保证自己的安全。

另外，铁木真又选拔出1000名勇士，遇到重要战斗的时候，命令他们在阵前杀敌，而平时他们则和怯薛一起充任自己的侍卫。

1204年的4月，铁木真的部队正式出发攻打乃蛮部落，在萨里川遇上敌军，在太阳汗方面还有札木合、克烈部以及塔塔尔的一些残余。战斗开始以后，铁木真亲自率领部队向乃蛮人攻击，声势非常浩大。善于夜战的铁木真命令每个士兵在阵地上点燃5处火堆,以迷惑敌军。果然,乃蛮的士兵面对遍地火堆,十分吃惊,有的认为来兵甚众,有的认为是天神显灵,有的则认为这一定是一种新战法。

太阳汗也十分紧张犹豫,不知所措,就在这时,铁木真命令部队发动猛攻。札木合看到情况不妙,就背叛了太阳汗自己逃走了。结果,太阳汗的部众被铁木真包围,被蒙古军队围困住的乃蛮人争先恐后地逃命,自行践踏、坠入山涧而死的不计其数。结果,太阳汗被擒,只有他的儿子屈出律率领少数士兵逃走。札木合在乃蛮失败后不久被自己的部下捉住送交铁木真,后被处死。

蒙古草原上最后一个独立的部落被消灭了,铁木真终于实现了奋斗几十年的理想,统一了西起阿尔泰山、东至兴安岭的整个蒙古草原。

1206年春天,45岁的铁木真在蒙古族乞颜部世代居住的斡难河源头召开忽里台大会,被诸王群臣推举为全蒙古大汗,尊号为"成吉思汗",蒙古语意为"拥有四海的皇帝"。

成吉思汗做了蒙古的皇帝以后,立刻着手国家的缔造工作。早在和乃蛮人作战以前,他就开始把他的部众改编为正式的军队。成吉思汗十分强调要建立一支强大的军队,尤其要建立一支能征善战的骑兵,因此,他建立了军政合一,全民皆兵的军事体制。这种体制最核心的部分就是千户制。

早在1204年,成吉思汗在其控制的部分地区就初步建立起千户制。他将全蒙古国的部众划分为95个千户,并任命了88个开国功臣为千户长。千户长是世袭军职。在千户编制内的人员,从15岁到70岁的男子既是生产的牧民,又是作战的骑兵,上马则准备战斗,下马则屯聚牧养。遇有战事,随时奉命自备马匹和兵器,由千户长、百户长率领出征。由于出征时有羊马随行,这样就不需要后勤支援。由于每人皆有"从马"数匹,这样战斗终日,马力不疲,伤亡常比对方小,而持续作战的能力却极强。

成吉思汗即位以后便着手扩大他的军队组

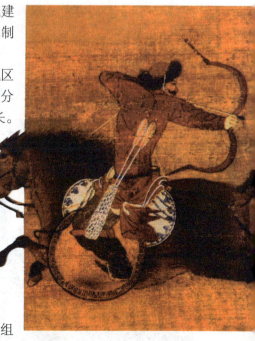

蒙古骑兵素以骑射著称,图片中的这招反身使箭的方法几乎所有的蒙古骑兵都会使用。

织，他把一些以千户为单位的部队联合为一万户的更大的军队单位。为了加强皇帝的权力，他把怯薛也扩充到一万名。怯薛的待遇非常优厚，并且在地位上比在外统率一千人的军官还要高一级，并命"四杰"——博尔忽、博尔术、木华黎、赤老温为四怯薛长。

蒙古国建立后，大批原来的部落人口被分编在不同千户中，许多部落的界限从此泯灭，开始形成共同的蒙古民族。邻近的吉利吉思、畏兀儿、哈剌鲁等也逐步归附成吉思汗。他又命令留居乃蛮部的维吾尔人塔塔统阿用维吾尔字母拼成蒙古国书，从此蒙古有了通行的文字。成吉思汗利用文字颁布了一系列自己的训言和法令，其中比较有名的是法典"大札撒"，即《蒙古习惯法》。

至此，成吉思汗终于统一了蒙古高原上的各个部落，建立了一个庞大的蒙古游牧封建制度的国家，势力范围扩大速度迅猛，这是以往历史无人能及的。

征服西夏和金

🔻 西夏王妃供养图

成吉思汗统一蒙古草原之后发动了一系列的征伐战争，蒙古军的铁骑势如狂飙巨浪，席卷了欧亚大陆。

蒙古开国之际，它的南方是金国和西夏。金国的版图非常广大，除掉女真人过去原有的地区以外，整个黄河流域都在它的统治之下。12世纪下半期开始，金国国内的矛盾已经开始有了新的发展。

西夏位于今天我国甘肃北部和陕西的西北部。12世纪后，西夏已经开始衰退，降为金国的附庸。在金国和西夏的南方就是南宋。南宋政

府的奢侈腐化使得国家的力量衰弱不振。

在蒙古帝国的西方是一个庞大的伊斯兰教国家花剌子模，它的疆域包括中央亚细亚、阿富汗和伊朗高原。13世纪时，花剌子模已经分裂为许多独立的封建版图，内部矛盾不断扩大。

在蒙古东方的朝鲜半岛上是高丽国。12世纪末期，高丽内部的矛盾已经很激烈。

成吉思汗的第一个目标是西夏国。他先后三次（第一次1205年，第二次1207年，第三次1209年）出征西夏，掳得财物无数。日渐衰落的西夏先后两次向强大的蒙古臣服。特别是1209年第三次出征，西夏国都城中兴府被蒙古军队包围一年多的时间，最后西夏国以纳女称臣为条件，蒙古军队才停止了进攻。

1212年，蒙古军第四次进攻西夏，攻破都城，西夏兵数万人战死，西夏灭亡已成为定局。

当成吉思汗认为西夏在短期内不可能牵制蒙古军的行动时，他便开始全力以赴发动对金国的战争。金国与蒙古有世仇，多年来，金国对蒙古进行了残酷的剥削、掠夺，蒙古人民对金充满了怨恨。而这时的蒙古军队已经有了进攻中原的军事经验，他们的目标直指金国。

为了保证战争的成功，成吉思汗在这之前就做足了准备。

1212年2月，成吉思汗亲自率领他的四个儿子术赤、察合台、窝阔台和拖雷出征金国，开始了为期24年的蒙金之战。

成吉思汗统率大军离开龙驹河（克鲁伦河）大营南下，于3月越过大沙漠，进至汪

西夏王陵位于中国西部贺兰山下。西夏王陵建筑群陵区是西夏王国所创造的灿烂文化的缩影。现幸存的一列列神墙、鹊台、角楼依旧矗立，特别是那些黄土筑的八角塔形陵台高达20多米，被外国游人誉为"中国金字塔"。

↑ 1211年2月，成吉思汗亲率大军入侵金国。

古部驻地(内蒙古境内)。这时天气转暖，成吉思汗担心蒙古军不适宜炎热季节作战，便自率主力在驻地避暑，以准备秋天大举进军，只派少数精骑在金国西北边防线上游弋。

当探子来报金国方面军事部署出现了新的变动之后，成吉思汗便立即决定将蒙古军分为左右两翼，以钳形攻势扑向金国，使金国首尾不能相顾，并把首战定为金的边防要地西京(山西大同)屏障——乌沙堡(今内蒙古境内)。

这时，已进入秋天，成吉思汗亲自率领左翼军，转兵东南，直趋乌沙堡及乌月营，很快就占领了这两个重镇。金国赶忙派来30万大军前来救援，但被蒙古军包围于野外，不得不缴械投降。乌沙堡初战告捷，蒙古军士气高昂，乘胜攻下了抚州(河北张北)、桓州(内蒙古境内)、昌州(内蒙古境内)等地。与此同时，右翼军也相继攻占了武州(山西境内)、朔州(山西朔县)，并断了金军的后路。

这年8月，蒙古军在野狐岭(河北境内)又与金军展开了一场空前大战。金军出动40万大军，企图阻止蒙古军南进的步伐。但经过3天激战，金军被杀得尸横遍野，溃不成军，其精兵良将损失大半。

9月，成吉思汗命令各路蒙古军乘胜前进，很快攻下了宣德(河北宣化)。随后，成吉思汗又派遣哲别率领先锋部队去攻打防守很严的居庸关(北京八达岭)。哲别设计佯装撤退，把守关的金军引诱了出来。这时，哲别迅速反击，结果，金军被打得大败，蒙古军队占领了居庸关，并进至金国都城中都(北京市)城下，因守卫中都的金兵拼死抵抗，成吉思汗才下令撤军。

1212年秋，成吉思汗第二次率军南下攻金。

这次作战，成吉思汗对蒙古军进行了严密的部署，部队兵分两路,避开金国中都而攻其两翼,这样就可以分散金军力量,为尔后攻占中都创造有利条件。西路由成吉思汗亲自率领,目标是攻占西京;东路由大将哲别率领进攻辽东,目标是攻取东京(辽宁辽阳)。

在攻打西京的战斗中,成吉思汗亲自到城下督战,不幸被流矢射中,不得不下令撤退,而攻打东京时,哲别却巧施智谋,一举突入城中,俘虏金军10万,并获得大量武器与粮草。

1213年春天,金国的形式急剧恶化。金国的附庸契丹人加入到蒙古国,西夏这时也一反过去对金国的友好态度。

这年秋,成吉思汗第三次率军南下攻金,主攻中都。金国在居庸关一带设置屏障,让工匠把铁熔化封固居庸关门,并在关门之外布设专伤蒙古骑兵的铁蒺藜百余里。然而,这一切障碍,却没有挡住这位骁勇善战的马上皇帝的部队。

蒙古军兵临城下,中都防守极为严密。为避免重大人员伤亡,成吉思汗决定兵分3路,深入金国腹地,采取闪电迂回之策,进行扫荡作战,以孤立中都。

1214年春,蒙古军接连破90余座大小城池,几乎扫遍了旧黄河以北的广大地区。蒙古的将领们请求乘胜攻打这座金国的都城,而成吉思汗估计到围攻这座坚固城池的困难,加上许多蒙古士兵因为水土不服而病倒,所以他暂时放弃了对金国的进攻。随后,成吉思汗派遣使者以大军作威慑,去强迫金国讲和。金宣帝惧怕,奉献公主及大量金帛、骏马,蒙古军队这才满意地退出了居庸关。

而这只是一个暂时的休战,不久,双方新的战争又爆发了。

经过蒙古军几次

▍1214年三月,金宣宗遣使向蒙古求和,送上大量黄金、丝绸、马匹,并将金卫绍王的女儿岐国公主送给成吉思汗为妻,还有童男女五百陪嫁。

🔸蒙古士兵

打击，金国已失去了在中都立国的基础，金国皇帝十分担心蒙古军再次南下，再次围攻中都。1214 年 5 月，金国皇帝下令迁都南京（河南开封）。成吉思汗得此消息，借口金南迁是缺乏诚意、破坏和议之举，于是派兵出其不意地从古北口入长城，会同投降蒙古的契丹人部队再次合围中都。

与此同时，成吉思汗又派兵进入辽西与辽东，以粉碎金在辽东一带的军事力量，达到牵制金军的目的。

1214 年秋，处于包围中的中都粮食已经极度匮乏。金国向中都运送粮食的军队又被蒙古军打败，中都完全处于孤立无援的境地。

为适应攻城需要，成吉思汗采纳部下建议，逐步建立了炮军，攻城以炮石为先。后来，在诸多的战役中，一次用炮即达数百座，迅即破城。同时，成吉思汗重视吸取各民族的先进技术，广收工匠艺人，一城即得数万人。随后，他命人建立工匠军，设厂冶铁制造兵器。在通信联络上创建了"箭速传骑"，日速数百里，军令传递和军队调遣速度非常迅速。成吉思汗还善于发挥骑兵之长，使蒙古骑兵疾如飙至，劲如山压，有"蒙古旋风"之称。

1215 年夏，这座坚固的城池终于被蒙古军攻陷了。金国统治者的宫室被乱兵付之一炬，大火延续烧了一个多月。100 年来，金国皇帝搜刮来的财物全部落入蒙古贵族的手里。

中都到手了，成吉思汗继而把目标指向了金国的南京，他派军队通过西夏，从陕西进攻河南。蒙古的军队进到距离南京 20 里的地方，被金国调来的主力军打败了，蒙古大军才撤到黄河以北。

金国不堪重负，向成吉思汗提出议和。成吉思汗提出了非常苛刻的要求：金国割让所有黄河以北的土地，并且取消皇帝的尊号改称王，将金国变为蒙古的属国。金国皇帝拒绝了，加之准备西征，成

🔸元朝的铜火铳

吉思汗便令蒙古军主力陆续撤离了金境。金军乘机陆续收复了黄河以北除中都、北京(今内蒙古昭乌达盟宁城)等几个战略要地之外的广大地区。

对此,成吉思汗于1217年秋诏封自己的副帅木华黎为太师,让其担任与金国作战的指挥官,继续进行攻金战争,并授权木华黎,凡一切攻金事宜,不需要请示报告,自己均可自行决策处理。木华黎果然不负众望,他继承和发展了成吉思汗的战略战术,充分利用金国境内的阶级矛盾和民族矛盾,招纳和重用了60多个汉族、契丹族等地武装首领以及反金的农民武装首领来为蒙古争城夺地。

结果,不到三年,木华黎就攻下了辽东、辽西、河北、山东、山西、陕西等地,金国的情势非常危急,当时只保住了今天的河南省。1223年,木华黎去世,其子孛鲁袭位,并把蒙古的势力延伸到淮河中下游一带,金国被迫退守河南,为蒙古灭金奠定了基础。

在多次伐金的征战中,成吉思汗从金国得到了大批的人口及财富。中国的四大发明之一的火药术就是在这时被传入蒙古。后来,蒙古人西征,把火药传入到伊斯兰教国家,伊斯兰教国家又把它传入了欧洲。

成吉思汗不但占领了金国黄河以北的大片土地,蒙古的势力还一直伸张到辽东,使朝鲜半岛也受到了威胁。1218年,成吉思汗派人到高丽,1219年,高丽国王向蒙古纳贡,降为蒙古的属国,直到3年后,蒙古的使臣被高丽杀死,两国的关系才暂时断绝。

攻金为成吉思汗带来的最大财富是获得了金皇帝的顾问耶律楚材。耶律楚材精通中原的古老文明,后来对蒙古帝国的政策产生了很大的影响。

成吉思汗对于西夏和金国的进攻具有积极的统一的一面,为其子孙建立统一的东方大帝国奠定了基础。

↑耶律楚材是契丹族人,元代著名政治家。公元1215年,燕京被蒙古军攻陷后,他成为成吉思汗的军师,屡建奇功。后又帮元朝制定重要典章制度,受成吉思汗赏识。

西征中亚和东欧

打败西夏和金国之后,成吉思汗便开始着手进行西征。西征的序幕就是讨伐屈出律。屈出律是蒙古乃蛮部太阳

世界大军事家成功故事

↑ 成吉思汗

汗的儿子,当年,他败逃楚河流域,仍在西方活动,与花剌子模国王勾结,篡夺了西辽的王位,推翻了契丹贵族的统治。屈出律统治着今天中亚细亚的北部和新疆西部广大地区,成为蒙古的最大威胁。

1218年,成吉思汗派遣大将哲别率兵2万攻打屈出律。当时屈出律正与阿力麻里的不扎儿汗相攻,听到蒙军进攻的消息后向西逃跑,哲别击溃西辽军队的阻击,攻占了西辽都城八剌沙衮。屈出律逃往喀什噶尔,喀什噶尔地区的居民纷纷起来杀死监视他们的西辽士兵。屈出律继续西逃,后被蒙古军杀死,从此,西辽灭亡,所有土地归入蒙古帝国的版图。

占领西辽后,蒙古西边便与花剌子模国接壤。花剌子模国原是位于阿姆河(土库曼斯坦、乌兹别克斯坦境内)下游、咸海南岸的中亚古国。13世纪初,通过20余年的扩张战争,攻占了今阿富汗和伊朗西部,征服了中亚细亚地区,并拥有一支40万人的庞大军队,成为西方一个信奉伊斯兰教的大帝国。

由于花剌子模国势力强大,成吉思汗非常谨慎,他建议两国通商、通使,并表示承认摩诃末苏丹的地位。于是,蒙古与花剌子模国之间开始了贸易往来。

↑ 成吉思汗和他的皇后孛儿帖及孩子们。

然而,双方通商活动不久,一件令人震惊的血案却成了双方战争的导火索。蒙古一支拥有450人、500头骆驼并携带大量金、银、丝绸等物品的商队一到花剌子模国边城——讹答剌(今哈萨克斯坦国境内)便被该城守将扣留。守将诬陷蒙古商人是成吉思汗派来的间谍,并报告了苏丹摩诃末。摩诃末下令对这些人进行监视,但讹答剌城守将却误以为苏丹不便直说处斩,便擅自下令将蒙古商队全部杀死。这次血案,蒙古商队共有449人被杀,仅一人侥幸逃回蒙古,并向成吉思汗报告了这件事情。

成吉思汗听后大怒,认为这是蒙古的奇耻大辱,并当即登上高丘,免冠解带,跪地祷天,祈求老天爷助他报仇雪耻。但成吉思汗还是很谨慎,他迅速派出了3名使者,前往花剌子模国交涉,要求花剌子模国解释此事,并交出杀人凶手。然而，令成吉思汗意想不到的是，摩诃末苏丹竟下令将蒙古的 1 名使者杀死，将另外 2 人侮辱性地剃去胡须驱逐出境。

成吉思汗震怒了，一场战争不可避免地临近了。

1219 年夏，成吉思汗召集诸王及大臣、将领大会，商讨征讨花剌子模国事宜。会议决定，由成吉思汗率领 4 个儿子、诸将及主力部队 15 万人，对外号称 60 万大军整军备战，等秋后大举向花剌子模国进军；成吉思汗的小弟斡赤斤则率兵镇守漠北大本营，

这年秋，成吉思汗即率军出征。考虑到花剌子模国军队有较强的实力，成吉思汗决定采取在几个方向上同时出击，各个击破，尔后合拢诸军，包围敌军主力，进行决战的战法。他命令大将哲别率军一部，袭击花剌子模国的锡尔河南端，以吸引花剌子模军主力南调。接着，他将自己率领的主力部队兵分四路，乘锡尔河防线空虚，突然出现于锡尔河畔。长子术赤率一军北上攻锡尔河下游诸地；次子察合台、三子窝阔台率一军攻讹答剌城；部将阿剌赫等率一军南下攻锡尔河上游诸地；他自己和四子拖雷率中军西渡锡尔河，横穿大沙漠，间道直趋花剌子模国腹心大城不花剌（乌兹别克斯坦的布哈拉），形成对花剌子模国新都——撒麻耳干的合围之势。

❡ 成吉思汗率军出征

这时的蒙古军队，不仅有骑兵，还有炮兵和工兵。花剌子模拥有 40 万士兵，比蒙古军队多一倍。但是，花剌子模处于封建割据的局势，军队分散驻扎在几个重要的城市里，军事力量较分散。

经过激烈的作战，1220 年初春，成吉思汗大军突然来到不花剌城下。不花剌的确是一个战略要地，此处地扼东西交通之咽喉，为花剌子模国新都撒麻耳干西方的唯一屏障。正因为如此，花剌子模国派重兵在此把守，并在城池周围设置有坚固的 12 道大门。

为了顺利攻下此城，成吉思汗采取了"围

➡ 蒙古军攻城

城必阙"的打法,即不对城内之敌实施四面包围,而故意留下一个缺口,使敌人抱有侥幸逃脱、不战求生的幻想,而在缺口之处设下圈套,请敌入"瓮"。花剌子模军果然上当,就在成吉思汗大军昼夜不停发动攻城战斗时,守城的花剌子模军自知难以坚守,便乘夜从薄弱处突围而走,结果被预先埋伏好的蒙古军斩杀殆尽。不花剌被成吉思汗大军占领。

占领不花剌城之后,成吉思汗带着全城壮丁及大批财物,进军撒麻耳干。撒麻耳干作为花剌子模国的新都,是该国政治中心与经济重镇,花剌子模国摩诃末苏丹亲率11万大军在此防守。

1220年春,成吉思汗大军抵达城下。与此同时,其他各路蒙古军也按计划前来会师。面对蒙古大军压境,摩诃末苏丹胆战心惊,便率领主力向波斯方向逃去,只留下4万多兵力固城坚守。

成吉思汗首先命令各路人马攻取河滨寨堡,以拔除守城屏障。接着认真部署了各军攻城、打援的任务。同时,又命令将所掳的壮丁每10人编为一队,每队执一面旗帜,陆续拥至城下,以显示自己人数众多,以迷惑敌军。

由于准备工作既细致又充分,加之军事实力占绝对优势,攻城战只进行了2天,撒麻耳干的守军便开城投降。进城后,成吉思汗下令毁其堡垒,把降兵3万全部处死,从居民中选取的3万工匠分配各军,同时征发壮丁3万随军作役夫,其余的人则在缴纳赎金后才允许回城。

撒麻耳干被占领了,成吉思汗命令大将哲别与速不台各率万骑追击摩诃末苏丹。哲别、速不台接受任务后,即率军沿摩诃末苏丹逃跑的路线,迅速抵达阿姆河,不久两军在木剌夷(伊朗境内)会师。1220年底,摩诃末苏丹在宽

田吉思海(里海)一个小岛上病死,于是立其子札兰丁为嗣,遗命光复故国。

摩诃末苏丹死后,札兰丁继任花剌子模国新苏丹,并于1221年潜回哥疾宁(阿富汗加兹尼),组织了6万余兵力,主动北上出击,与蒙古将领失吉忽秃忽率领的3万名部众在八鲁湾(阿富汗喀布尔之北)展开激战。失吉忽秃忽大军在札兰丁军队的痛击下,死伤大半,不得不退出战场。消息传开,被蒙古军占领的许多城市纷纷起义。

八鲁湾之战蒙古军失利,成吉思汗非常吃惊,但他没有过多地责备失吉忽秃忽,而是同他一起认真分析失利的原因。面对劲敌,成吉思汗动用了他的一千名怯薛,亲自率部与失吉忽秃忽一起进剿札兰丁。

札兰丁自动放弃哥疾宁,率部退到信地河(印度河)附近。蒙古军穷追不舍,决战在信地河畔爆发了。就在札兰丁准备渡河南奔之时,被突然赶到的蒙古军包围了。札兰丁多次组织突围均未成功,成吉思汗佩服札兰丁的英雄气概,命人活捉札兰丁,但札兰丁却趁其不备,从6米多高的悬崖上跳入信地河,逃到了印度境内,花剌子模从此灭亡。

与此同时,拖雷指挥下的军队也进入了呼罗珊。这支军队用石炮、火药等优良武器攻占了马鲁(土库曼斯坦境内)、乃纱布尔(伊朗境内)、也里(阿富汗境内)等重要城市以后,回到阿富汗和蒙古的大军会合。

1221年2月,灭掉花剌子模国之后,成吉思汗大军进行了短期的休整。接着,他又命令哲别和速不台率领2万名骑兵开始了对东欧的征服。征战的结果是,蒙古的势力范围达到了现在的俄罗斯的东南部。

他们一路从波斯越过太和岭(高加索山),进入阿兰部(俄罗斯境内)和钦察草原(黑海、里海以北),打败了太

◆蒙古大军征战

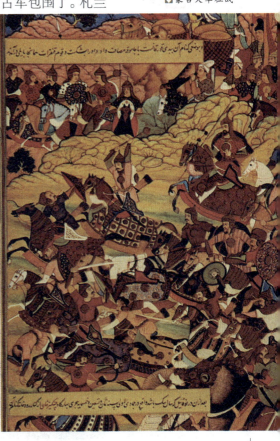

和岭北部的钦察人,直接威胁到了俄罗斯。而南斡罗思(俄罗斯)分裂为许多独立的封建公国,游牧于涅卜儿河以西的钦察诸汗,与南斡罗思诸大公结成联军抗击蒙古军。当蒙古军逼近斡罗思时,斡罗思联军对蒙古军队进行了顽强的抵抗。

1223 年夏,在喀勒喀河畔(乌克兰境内),蒙古军和斡罗思联军展开了一场激战。结果联军战败,有 6 个大公阵亡。

之后,蒙古大军在俄罗斯南部横行无阻,并且进入克里米亚半岛。哲别和速不台率领军队离开斡罗思,后经里海北上与成吉思汗会师。

1223 年冬,成吉思汗正式班师回国。1225 年春,成吉思汗率领蒙古军终于回到了阔别 7 年之久的斡难河源头的大汗汗廷。

↑窝阔台是成吉思汗第三子,继成吉思汗之后的蒙古可汗。

雄鹰陨落

成吉思汗班师回国不久,便将所统辖的广大土地分封给 4 个儿子。依据蒙古的传统习惯,年龄越大,封地离蒙古本土越远,幼子则守护家庭。因此,成吉思汗的长子术赤分得康里、钦察和花剌子模国故地(东起额尔齐斯河,西至里海),次子察合台分得畏兀儿故地(东起阿尔泰山,西至阿姆河),三子窝阔台分得乃蛮故地(西部蒙古和塔尔巴

➡成吉思汗陵

尔台附近),幼子拖雷则留守蒙古本土。

1226年春,英雄暮年的成吉思汗不顾多年在外征战的疲惫,亲自率10万大军发动了对西夏的第六次进攻。蒙古大军所向披靡,势如破竹,相继占领了甘州(甘肃张掖)、西凉(甘肃武威)等战略要地,西夏难以招架,决定投降。期间,成吉思汗坠马受伤,诸将请还师,但被他拒绝了。

1227年闰五月,成吉思汗认真反思了蒙金战争的得失,全面考察了蒙金战争的新形势,冷静分析了蒙金战争的发展趋势,提出了利用金、宋矛盾,借道宋境,联宋灭金的大迂回、大包围战略。

世界大军事家成功故事

6月,成吉思汗移营至清水县(甘肃清水)西江时,患病后高烧不退。7月病情加剧。这位马上皇帝自知不久于人世,便将灭金的大战略口授给了拖雷及亲密部将,随后又急召窝阔台、拖雷及各妃所生诸子(长子术赤已死,次子察合台在外地)进行密谈,并决定由三子窝阔台继承汗位。

1227年8月25日,一生叱咤风云的成吉思汗终于离开了人世,终年65岁。他的尸体被秘密地运回蒙古,遗体被埋入了成吉思汗生前狩猎时指定的地点——地处鄂嫩河、克鲁伦河、图勒河河发源地不儿罕山的起辇谷。成吉思汗的遗体深埋处,用群马踏成平地,并规定任何人不得接近葬地。因此,至今人们仍然搞不清楚成吉思汗究竟被埋在何处。

成吉思汗去世不久,西夏就向蒙古投降了,存在了200年左右的党项人所建立的国家灭亡了。

1231年春,成吉思汗诸子根据成吉思汗制定的灭金战略,兵分三路对金实施猛攻,战至1234年,在宋军的配合下,金国灭亡。蒙金之间24年的战争,最终以蒙古大胜而告终。

在成吉思汗之后,他的后代又在现有势力的基础上继续向外扩张,十多年后,蒙古发展为一个横跨亚欧两洲的空前的大帝国。

元世祖狩猎图。元世祖忽必烈(1215—1294)为元王朝的建立者,成吉思汗之孙。1260年即位,1271年改蒙古国号为元,1279年灭南宋,统一中国。

大事年表

1162 年	铁木真诞生在荒凉的蒙古草原的一个部落。
1171 年	铁木真 9 岁时,父亲也速该去世。
1189 年	27 岁的铁木真称汗。
1202 年	铁木真发动了对塔塔尔人的讨伐。
1206 年	45 岁的铁木真被推举为全蒙古大汗,尊号为"成吉思汗"。
1205—1212 年	成吉思汗四次出征西夏。
1212 年	成吉思汗率兵出征金国,开始了为期 24 年的蒙金之战。
1218 年	西辽归入蒙古帝国的版图。
1221 年	成吉思汗灭掉了花剌子模国。
1226 年	成吉思汗亲率大军发动了对西夏的第六次进攻。
1227 年	8 月 25 日,成吉思汗去世,终年 65 岁。

腓特烈二世

　　腓特烈二世是普鲁士国王，史称腓特烈大帝。曾发动两次西里西亚战争，击败奥地利，确立普鲁士在中欧的强国地位。

　　在军队建设上，腓特烈建立起当时欧洲最好的骑兵部队；在战略上，他惯以先发制人、变被动为主动，继承和发展了古希腊军队的斜切队形，强调在主要方向上集中使用骑兵。在欧洲军事发展史上，腓特烈大帝是一个重要人物，他的军事实践和理论上承古斯塔夫二世，下启拿破仑，尤其对后世德国军国主义的形成和发展具有很大的影响。

腓特烈二世即位

公元 10 世纪，德意志国王奥托一世建立"神圣罗马帝国"（区别于古罗马帝国），全盛时领土包括了德意志全境，意大利中、北部，西西里岛，捷克，瑞士，爱沙尼亚，普鲁士、奥地利等。公元 14 世纪，"神圣罗马帝国"名存实亡，并开始走向封建割据，此后，内战不断。至公元 17 世纪，终于爆发了"三十年战争"。这场战争使德意志分裂为 360 多个大小邦国和上千骑士国。

18 世纪初，德意志境内的普鲁士和奥地利崛起为两个起决定作用的权利中心，双方的连年战争，使战胜国普鲁士迅速崛起，普鲁士的历史因而成为西方近代史中颇为传奇的一页。因为从普鲁士的领土、人口和资源来看，普鲁士没有成为强权的条件，在 17 世纪时，普鲁士甚至是各国欺凌的对象，而到了 18 世纪后期，普鲁士却已是欧洲举足轻重的重要国家。在普鲁士崛起的过程中，腓特烈大帝的作用不容忽视。

要说明腓特烈的地位和影响，还得从普鲁士的历史渊源说起。

普鲁士王国的历史有两个平行的根源：勃兰登堡选帝侯（选帝侯指封建领主）和普鲁士公国。15 世纪初，普鲁士公国被一分为二：西普鲁士和东普鲁士。后来，西普鲁士被并入波兰王国，东普鲁士继续由条顿骑士团统治。而当时，严格地说，普鲁士并不在神圣罗马帝国的范围之内。17

三十年战争是由神圣罗马帝国的内战演变而成的全欧参与的大规模国际战争。这场战争是欧洲各国争夺利益、树立霸权以及宗教纠纷激化的产物。

世纪中期,勃兰登堡在第一次"大北方战争"中获胜,控制了东普鲁士。17 世纪末期,勃兰登堡选帝侯腓特烈一世即位,后来加冕为普鲁士国王。从此,普鲁士

◀ 腓特烈一世加冕。

才作为一个王国正式存在下来。18 世纪初,腓特烈·威廉一世(腓特烈大帝的父亲)即位。这个穷兵黩武的国王非常注重军事训练,为普鲁士日后的扩张打下了坚实的基础。

1740 年 5 月,腓特烈一世因为心脏病突发去世。28 岁的腓特烈继承了王位,成为普鲁士的新国王,号称腓特烈二世。从此,普鲁士的历史在腓特烈二世的治理下进入辉煌时期。

腓特烈二世于 1712 年出生于柏林,他是普鲁士国王腓特烈·威廉一世之子。早年受法国启蒙哲学思想熏陶,酷爱法国文化。

少年时代的腓特烈是一个酷爱自由,喜欢文学艺术,反感专制和服从,充满叛逆性格的人。但他的父王腓特烈·威廉一世非常古板固执,于是,父子间常常为此产生矛盾,有时甚至达到了白热化的程度。腓特烈常常遭到父亲的棍棒殴打和言语刺激。

就在腓特烈二世 18 岁时,父亲为他安排了一桩婚姻。为了抗拒父亲的行为,腓特烈二世计划同几个同伴出逃,结果却被抓了回来,关进了监狱。和腓特烈二世一同出逃的同伴全部被杀,腓特烈二世还被安排观看那个血腥的场面。在关押的日子中,腓特烈开始变得深沉而又理智,并对政治和军事产生了浓厚兴趣。就在这一年,18 岁的腓特烈二世娶了父亲为他安排的布恩斯韦克的公主伊丽莎白。

就在这一年,腓特烈二世开始接触国政,他总是作为钦差大臣在国内四处视察。1735 年,21 岁的腓特烈被派往瑞因斯堡担任地方长官。

▲ 腓特烈·威廉一世和他的妻子及两个儿子(左为腓特烈大帝)。

其间写了一部政论书籍《反马基雅维利主义》,书中首次提出了关于"公仆"的概念,并指出所谓国王不应该以玩弄权术为目标而是应该以"国家第一公仆"为准则。此书受到了伏尔泰的好评。之后,腓特烈二世和伏尔泰开始了密切的书信往来。

腓特烈一世去世时留给了腓特烈二世非常雄厚的资本——一支8万人的精锐常备军,这和当时奥地利的军队数量相当,然而奥地利的领土却比普鲁士要大十倍之多。

即位后,腓特烈二世显示出了他卓越的领导才能和军事才能。腓特烈二世推行重商主义,促进工农业发展;他加强军事官僚体制,实行开明专制统治,将财政收入的五分之四用于军费。他采取新式募兵制度,建立常备雇佣军,使父亲留下的8万人的军队增加到了20多万人。

第一次西里西亚战争

就在腓特烈即位的这一年,奥地利国王查理六世去世,他的长女玛丽亚·特蕾西亚继承了王位。这给了腓特烈二世一个机会,他以女性继位在德意志史无前例为借口,以获得奥地利富饶发达的工业基地——西里西亚为目的,计划向奥地利进行扩张。在腓特烈看来,取得西里西亚,对普鲁士而言,不但可以增加领地和人口,而且可以取得庞大的经济利益。之后,腓特烈给自己物色了两个得力的助手:一位是施维林元帅,国王最器重的军事顾问;另一位是安哈特·德绍亲王,战功卓著、德高望重的利奥波德老元帅。

1740年,就在10月28日军事会议以后,腓特烈便展开了一系列的军事行动。他将军队、枪械及一切后勤补给都一一秘密地往西里西亚边境集中。12月14日,腓特烈抵达勃兰登堡与西里西亚边境上的最前线城镇——克隆森。

1740年底,腓特烈和施维林元帅率领8万普军南下突袭西里西亚,第一次西里西亚战争由此爆发。正如腓特烈所预料,使兵力薄弱的奥地利驻军猝不及防,很快便被击溃,于是普鲁士军队迅速地深入西里西亚。

↘15岁的玛丽娅·特蕾西娅

1741年1月初，腓特烈率普军攻入西里西亚首府布雷斯特。至1月底，首府布雷斯特陷落，只有尼斯堡等几个孤立堡垒仍然坚守。于是，腓特烈率2.2万人屯兵尼斯堡坚城之下，准备长期围困。奥军被迫退守摩拉维亚，而普军则沿摩拉维亚边境驻防。此后，双方采用持久机动的作战方法，企图破坏对方的补给线，迫使对方后退。

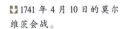
年轻时的腓特烈大帝

这年4月，奥地利元帅奈伯格领兵1.9万名突然从西里西亚东面的摩拉维亚境内发起进攻，来救尼斯堡，由此引发腓特烈生平的第一场战役——莫尔维茨会战。

莫尔维茨会战是此次战争最大的一次会战。

就在奥军突然发起反攻的时候，普军主力围城陷于僵局，分散兵力正四处搜集草料给养。因为整个冬季，占领西里西亚的普军都没有采取任何巩固新占领区的措施，所以奥军可以没有任何障碍长驱直入。

4月10日，腓特烈完成紧急集结，率2.16万名普军，以5路纵队向尼斯堡城下的奥军进攻。虽然普军有1.16万名训练有素的步兵，而奥军步兵仅1万名，而且良莠不齐；但奥军有8000名具有强大突击力的骑兵，以及一批富有作战经验的指挥官。

1741年4月10日的莫尔维茨会战。

普军虽先期发现敌人，但未能立即转入进攻。而奥军未等普军全部展开，率先发起突击。奥军左翼骑兵4500人在风雪掩护下，突然出现在普军面前，并将普军队形冲散，普军以猛烈炮火将敌击退。之后，奥军步兵实施冲击，有几次被强大

世界大军事家成功故事

↑ 卡尔亲王

的普军炮兵以密集火力击退。最后，普军步兵在施维林元帅指挥下发起反攻，迫使奥军溃退，最终取得了莫尔维茨会战的胜利。此役，普军伤亡4850人，奥军伤亡4550人。

1741年6月，就在莫尔维茨会战后，腓特烈与法国秘密结盟。巴伐利亚、萨克森和西班牙等相继投入对奥地利的战争。到这一年，欧洲大多数国家被卷入战争。次年1月，奥军沿多瑙河向巴伐利亚发动进攻，并对波希米亚构成威胁。鉴于此，腓特烈二世率普、法、萨克森联军3.4万人进至摩拉维亚与奥地利交界处，佯装夺占奥地利首府维也纳之势。在解波希米亚之危后，普军于4月初调头北上，于1742年5月17日，在波希米亚的霍图西茨与格林的卡尔亲王率领的3万奥军遭遇，普军左翼骑兵以快速冲击将奥军骑兵击溃。但由于普军后续不继，遂被奥军击退。经过激烈的战斗，双方不分胜负。最后，一直隐蔽待机的普军右翼步兵出击，一举将奥军击退。

这次战役，双方损失惨重。奥军损失6330人，并有一批官兵被俘，普军损失4800人。6月初，奥地利被迫停战。7月28日，普奥双方在柏林签订《德累斯顿和约》。和约规定：奥地利把几乎整个西里西亚及格拉茨公爵领地割让给普鲁士，使其成为这场战争最大的受益者。得到好处的普鲁士单独退出战争，结束了第一次西里西亚战争。

→ 德累斯顿现为德国萨克森州的首府，德国东部重要的文化、政治和经济中心。以无数精美的巴洛克建筑而被誉为欧洲最美丽的城市之一。

第二次西里西亚战争

西里西亚战役以后,腓特烈得到两年的充分时间,对普鲁士骑兵和侦察方面的弱点加以弥补,同时加紧操练士兵,训练军官。后来成为普鲁士德意志军队惯例的年度秋操大演习,就是在这个时代开始的。就在普鲁士夺取了西里西亚之后,特蕾西亚女王并未死心,一心想夺回失地,于是,特蕾西亚女王便联合英国、荷兰等在其他战区积极行动起来,奥地利在特蕾西亚女王的统领下慢慢恢复了元气。

奥地利的重新复兴,使腓特烈感到不安。为了免除后患,使西里西亚的地位得到绝对稳固,腓特烈发动了第二次西里西亚战争。

战斗在即,腓特烈把普军兵分3路:施维林元帅率1.6万人,小利奥波德亲王率1.5万人,腓特烈本人则率主力4万人(以齐腾的1300名骑兵为先锋),三路大军计划从三个方向向中心目标攻击。

↑普鲁士士兵

1744年8月17日,腓特烈的三路大军从西里西亚出发,向西南先碾过与奥地利结盟的萨克森,并同时向西里西亚正南方的波希米亚的首都布拉格进军。

9月16日,普军攻占布拉格,第二次西里西亚战争由此拉开了序幕。攻占布拉格后,普军继续以6.2万人的主力向维也纳进军。奥地利军总司令查理亲王率5万人回援,采取坚壁清野(使对方既攻不下据点,又抢不到所需物资),破坏普军交通线,袭击其补给部队,使腓特烈在波希米亚境内遭遇后勤补给困难。后来,奥军又采取拖延战略,避免与普军决战,只是不断以小战消耗普军,使普军损失近1.2万人。

11月26日,腓特烈放弃布拉格,率军退至西里西亚境内,辎重和重火炮也损失殆尽,普军被迫转入防御。经过这次战略挫折,腓特烈认识到,因为普鲁士人口有限,军中很多是德意志其他邦国的雇佣士兵,这样的军队只能集中,绝不能分散。

虽然陷入被动地位,但腓特烈非常镇静,经过仔细的研究,他将计就计,佯装继续向西里西亚首府布雷斯特撤退,引诱查理亲王走出波希米亚和摩拉维亚的山地,追击到西里西亚的平原上,以便彻底击败奥地利。

1745 年 5 月,查理亲王果然率领 6 万奥军向西里西亚发动进攻。5 月 26 日,普军约 5.9 万人隐蔽部署在西里西亚的霍亨弗里德贝格附近,伺机歼灭向该方向开进的奥、萨联军。腓特烈先故意示弱,向布雷斯特方向撤退。6 月 3 日晚,命令军队以强行军连夜接敌。6 月 4 日凌晨,腓特烈命令普军秘密运动到奥军营地附近,并让部队就地休息两小时,他本人也裹着斗篷和衣而卧。

黎明前,腓特烈率领普军由东南向西北方向的奥军发起进攻,霍亨弗里德堡战役开始了。普鲁士右翼骑兵急于求成,反而把奇袭发展成了一场混战,但在左翼和中段,普军获得完满的成功。在中段,利奥波德亲王的 21 个步兵营排枪密齐地射向奥军;在南段,普军齐腾少将率领一支最精锐的骑兵,20 分钟就俘房了奥军 2500 人,而普军仅阵亡 94 人。

早晨 9 点,霍亨弗里德堡战役以普军的全面胜利而结束,普军损失 900 多人,而奥军损失近 1.4 万人。

查理亲王率军向南退入波希米亚境内,并以惊人的速度恢复了元气。9 月 29 日夜间,奥、萨(萨克森)联军发起索尔战役,并以两倍于普军的兵力包围了普军营地。第二天,奥、萨联军在索尔向普军发动进攻,腓特烈命令普军右翼首先发起冲击,冒着奥军炮火,普军安然且有序地在战场上行进六百步,然后以排枪齐射压倒奥军火力,发起冲锋,一举占领奥地利炮兵阵地。受右翼成功的鼓舞,普军左翼也自发地发起冲锋,而奥地利军队虽然

🔖 1745 年 6 月 4 日的霍亨弗里德堡战役中的普鲁士步兵团。

人多势众，但面对如此阵容，一时陷入全线退却的地步。战争以普军的胜利而告终。

索尔战役是腓特烈斜切式战术思想付诸实践的一战。奥地利损失 7000 多人，普鲁士损失近 4000 人。

经过两次西里西亚战争，奥地利女王特蕾西亚并没有放弃和普鲁士的战争。1745 年年底，奥地利集中主力从波希米亚出发，越过萨克森，直接攻击勃兰登堡本土。这次，坐镇首都柏林的利奥波德亲王亲自出马，在恺撒斯多夫会战中大败 3.1 万奥、萨联军。这次胜利，彻底使特蕾西亚女王打消了与普鲁士为敌的念头。

1745 年 12 月 15 日，在萨克森首府德累斯顿城下，普奥双方签订停战协定，奥地利将几乎整个西里西亚割让给普鲁士。至此，第二次西里西亚战争结束。

柏林的市民们在欢迎腓特烈凯旋时，大喊"大帝万岁"，腓特烈二世从此获得了"腓特烈大帝"的称号。

两次西里西亚战争之后，普鲁士迎来十年的和平时期，而腓特烈也开始将注意力转往国内建设。在这十年里，腓特烈不但整军习武、发展经济，而且写出了他一生中最重要的军事理论著作——《战争原理》（有的译为《军事教令》）。这本书集中体现腓特烈对自己早期战争经验的总结和思考，不仅仅是行而上学的战争理论，而且贴近实际，是当时最好的战争实践指南。

1752 年，流亡中的伏尔泰被腓特烈请到了柏林，两人的友谊进一步加深。然而，不久，他们之间就出现了裂痕。因为伏尔泰觉得腓特烈不够开明，而腓特烈觉得伏尔泰不过是个空想家，过于理想化。1753 年，腓特烈和伏尔泰决裂，伏尔泰离开了柏林。不过，后来，两人又和好如初，并且一直保持着书信联系，即使在后来的战争中也没有中断过。

腓特烈大帝在无忧宫的礼堂招待普鲁士科学界人士以及伏尔泰。

七年战争

18世纪中期，欧洲各大国之间的关系矛盾错综复杂，各国都积极争取盟国，并为此展开了尖锐而复杂的外交斗争。

1750年，普鲁士的外交战略形势开始严峻。因为腓特烈与英国交好，保证英王在德意志的汉诺威领土不受侵犯，但这件事情却触怒了与英国争夺海外殖民地的法国。而就在这时，一直不肯善罢甘休的奥地利女王特蕾西亚通过外交手段将俄国女沙皇伊丽莎白和法王路易十五都拉拢到自己的一方，并积极准备收复失地——西里西亚。腓特烈看到形势日益严重，决定先发制人。

1756年8月底，腓特烈在英国的援助下亲率9.5万人的军队对萨克森发动突然袭击，由此爆发了遍及欧洲、美洲、印度等地的七年战争。这次战争有两大交战集团，一方是以奥地利与法国、俄国、萨克森、瑞典和西班牙结的成交战国，一方是以普鲁士和英国结成的交战国。

普鲁士初战告捷，在普军迅速而猛烈的攻击下，萨克森军很快陷入包围，被迫投降，首府德累斯顿随即被普军占领。在普军对萨克森军形成包围时，奥地利派出一支军队火速增援，双方在埃格尔河和易北河会合处的洛沃西采遭遇。交战结果，奥军未能突破普军防御，因此无法挽回萨克森的败局，1756年的战局以普军的胜利告终。

1757年初，腓特烈率军进军波希米亚。5月6日，普军向布拉格发起进攻，奥军被迫退守城内。为解布拉格之围，奥军一部向布拉格开进，普军亦派一部迎击。两

■ 普鲁士与奥地利在1756年10月1日的罗布西茨战役，以普军胜利作结。

1757 年 12 月 5 日,洛伊滕会战中普军对缺口的冲锋。洛伊滕会战与罗斯巴赫会战被誉为是腓特烈大帝最辉煌的战绩之一。

军在科林附近遭遇并激战,普军失利,随后解除了布拉格之围,退回萨克森。而这时,著名统帅鲁缅采夫率俄军开始向战场调动军队,乘机进军东普鲁士,期间两军展开大耶格尔斯多夫之战,结果俄军取胜。与此同时,法奥联军分两路在西线展开了军事行动。腓特烈从布拉格撤军后,选择一条路线进行攻击。11 月,双方展开了罗斯巴赫会战,结果联军大败。普军在罗斯巴赫会战后,主力又由西东进,截击进入西里西亚的奥军,双方进行了洛依滕会战,奥军大败,损失 2.2 万人。

1758 年,腓特烈趁奥地利联军观望之机,由洛依滕长驱直下奥地利领地摩拉维亚,并包围奥军主力一部驻守的奥尔米茨。此时解冻期已过,俄军又重新西进,普军遂放弃奥尔米茨,北上迎战俄军。8 月 25 日,普俄两军于屈斯特林城附近的措恩多夫村展开血战,结果不分胜负。10 月,普军在休整期间,突然遭到奥军袭击,伤亡惨重。

1759 年的战争又以俄军的西进为前奏。由于俄军已占领东普鲁士,因而在战略上作出调整,准备同奥军会合,攻克柏林。这年 8 月,俄奥联军在法兰克福会师。腓特烈集结兵力前往阻截,双方展开了著名的库纳斯多夫会战,结果普军惨遭失败,投入的 4.8 万人,最后只剩下 3000 人。接连的战败,使腓特烈不免悲观。

1760 年,俄奥联军产生分歧。俄军主张攻打柏林,而奥

🏳 彼得三世

军则急欲夺取西里西亚，于是两军又各自为战。10月，俄军乘奥军与普军周旋之机，曾一度偷袭柏林得手，但后来在普军主力回救时放弃。在解除柏林危急后，腓特烈命令普军立即调头迎战奥军，双方在萨克森境内进行托尔高会战，普军勉强取胜，从而度过了艰难的1760年。

1761年，腓特烈依然面临三面受敌的困境：法军威胁汉诺威，俄军伺机攻取柏林的门户——科尔贝格，而奥军则占领了西里西亚。这年12月，俄军攻陷了科尔贝格。整个1761年没有大的战役，联军利用战略优势，力图把腓特烈一步步打垮。此时，普鲁士已到了濒临灭亡的地步。

七年战争的头6年里，普鲁士几近亡国，腓特烈坚持到底的毅力令人吃惊。战争开始时普军共有少尉以上军官团成员5500人，而此时已经有1500人阵亡，2500人负伤，仅著名的军事世家克莱斯特家族就阵亡了24名将士。开战时所有老一代元帅，如施维林等人全部死去，剩下的得力助手，如斐迪南亲王、亨利亲王等人又都分散在各个战场，而腓特烈身边仅有齐腾一位得力大将可用。普鲁士到了岌岌可危的地步。

🏳 在柏林城墙1786年至1802年间的扩建工程中，1788年普鲁士国王腓特烈·威廉二世下令重新建造勃兰登堡门，用以纪念1756年至1763年的七年战争。

所谓天助自助者，就在普鲁士几乎陷入绝境的时候，命运女神终于对他露出微笑，一时间改写了普鲁士的历史，史学家称此为"勃兰登堡王室的奇迹"：1762年1月5日，俄国女沙皇伊丽莎白病逝，其外甥彼得三世继位。彼得三世有一半普鲁士血统，是腓特烈疯狂的崇拜和追随者。彼得三世继位后，俄国立即将所占土地归还普鲁士，并同普鲁士结盟，彼得三世还把8万名俄军交给了腓特烈指挥，普鲁士奇迹般地转败为胜，七年战争中的欧洲战事结束。

与此同时，英法在美洲、印度等地继续争夺殖民地。

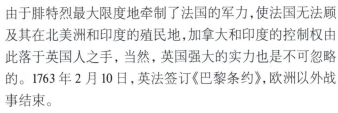

由于腓特烈最大限度地牵制了法国的军力，使法国无法顾及其在北美洲和印度的殖民地，加拿大和印度的控制权由此落于英国人之手，当然，英国强大的实力也是不可忽略的。1763年2月10日，英法签订《巴黎条约》，欧洲以外战事结束。

以俄国退出战争为标志，七年战争进入了尾声。

1763年2月15日，以普鲁士为一方，奥地利和萨克森为另一方，签订了结束七年战争的《胡贝尔图斯堡和约》。腓特烈终于保住了西里西亚，使普鲁士迅速崛起，正式成为继英、法、奥、俄之后的欧洲列强之一，而腓特烈个人也获得了军事史上的不朽英名。七年战争不但影响了欧洲，也影响了美洲和亚洲。对于18世纪后半期国际战略格局的形成和军事学术的发展均产生了深远影响。由于参战国家众多，英国首相丘吉尔称这次战役才是真正的"第一次世界大战"。

瓜分波兰

七年战争使得普鲁士崛起，成为欧洲列强之一，但也使王国本土成为一片废墟，腓特烈开始投入重建和平、发展经济，战后继续统治普鲁士达23年之久。沙俄女皇叶

叶卡捷琳娜二世登上沙皇宝座

卡捷琳娜二世（彼得三世于1763年被妻子叶卡捷琳娜废黜）不断地对外扩张，成为威胁欧洲和平的威胁者。

叶卡捷琳娜女皇期望能将俄国疆域向南(土耳其)和向西(波兰)的方向同时推进。1763年10月，波兰国王奥古斯图三世逝世，王位的继承权旋即成为欧洲注目的焦点。于是，叶卡捷琳娜女皇，便扶持出身波兰贵族的波尼亚图斯基为波兰国王。第二年，感觉到俄国对普鲁士很大威胁的腓特烈积极同俄国结盟。这样一来，普鲁士不仅获得了最重要的盟友，更重要的是确保了东普鲁士的安全，并为取得西普鲁士开启了一条路。

波尼亚图斯基当选波兰国王后，开始想办法摆脱叶卡捷琳娜女皇的影响，并努力寻求外国势力的介入以强化波兰。叶卡捷琳娜女皇的目的没有达到，便派军队和波兰的贵族一起对付波尼亚图斯基。

而这时，俄国对土耳其战事的接连胜利，也使得俄国在东南欧占了优势，感觉到威胁的奥地利和俄国的关系进一步紧张。奥地利担心俄国的进一步扩张，便和普鲁士的关系有了进一步的缓和，甚至有和好的迹象。

1769年和1770年，腓特烈破天荒地与奥地利国王约瑟夫二世会谈两次，为了避免因俄国的扩张而引起三国的正面冲突，双方最后提出瓜分波兰的计划。

1772年，俄普奥三国联军发起了第一次瓜分波兰的战争。这次战争使波兰失去了四分之一的领土，俄国取得原白俄罗斯人所居住的地区，并增加了约180万人口；奥地利则取得加里西亚和邻近区域，增加了约300万人口；而普鲁士仅取得数万人口，但却取得了波罗的海沿岸大片土地，从而将勃兰登堡本土和东普鲁士第一次联成一片。腓特烈非常重视这一新领地，同样也设置了战争与领地管理署来管理。尽管西普鲁士是一较荒芜、人口较少的省份，但在腓特烈的经营下，西普鲁士的经济发展非常迅速。

1778年，普鲁士和萨克森因为巴伐利亚的王位继承权，向奥地利挑起战争，一年后，战争结束，奥地利仅占领了巴伐利亚领土的一小部分，巴伐利亚仍然由帕拉亭选帝侯继承。

腓特烈大帝本人是个音乐爱好者，他会一点作曲，尤其擅长演奏长笛。时常在自己的宫邸举办音乐会，接受音乐家的指点。

离 世

早在 1763 年七年战争胜利不久，在腓特烈的统治下，普鲁士国势已经全面恢复，甚至有所超越。

腓特烈注重改善农民的生活状况，兴修水利，并推行重商主义。他复员大批军队，把他们作为预备役人员派往被毁的村庄进行重建和屯田。同时连续实施 5 年减税政策，恢复国家的生产力，并采取对外树立关税壁垒的政策以其帮助在战争期间几乎被毁的工商业得以复兴。自己则大幅消减宫廷开支，并命令贵族纳税。

在文化教育方面，腓特烈还将其父开创的义务教育制度进行改革。他曾于 1763 年颁布了《乡村学校规程》，规定 5 至 13 岁儿童必须接受义务教育。普鲁士因此成为世界上第一个建立了比较规范的强制性义务教育制度的国家。

作为一个受过 18 世纪启蒙思想影响的帝王，腓特烈领导了在当时欧洲属于领先水平的司法改革，第一次在普鲁士公布了统一的宪法草案，表达了法治精神和国王完全放

⬆ 腓特烈的义务教学改革措施促进了普鲁士初等教育的发展。在他执政期间，德国初等学校达 1800 所，腓特烈·威廉一世因而被称为"普鲁士小学之父"。

➡ 腓特烈大帝执政期间，奉行"人人平等"的原则，同时他对移民和小宗教信徒宽容开放。在柏林的弗里德里克花园，一座新教教堂和一座天主教教堂并排而立，算得上是 18 世纪独一无二的景致。

弃干预司法的司法独立精神，秉承罗马法"众人之事，应由众人决定"的精神，下令让臣民对法律条文广泛讨论，广泛征集意见。

腓特烈在位的 40 多年时间里，尽管饱受战火摧残，但普鲁士的经济仍取得迅猛发展，人口从 220 万增加到 543 万，年税收收入翻了近两番，国库储备从 800 万塔勒增加到 5000 万塔勒。

就在 1775 年到 1782 年的美国独立战争期间，腓特烈和法国站在了一起，支持美洲 13 个殖民地独立斗争。而腓特烈本人则是更热衷于大陆军建立，鼓励普军中的军官去美洲担任志愿军官。他自己则在《独立宣言》发布的时候，写给了乔治·华盛顿一封亲笔信。

1786 年，74 岁的腓特烈因心律衰竭平静地死去。由于他身后无子，王位由其侄子继承，就是腓特烈·威廉三世。当腓特烈的死讯在各国传开的时候，奥地利皇帝约瑟夫二世很有感触地说道："一个时代结束了。"在刚刚建立的美国，华盛顿要求所有美国军队降半旗致哀。

腓特烈去世了，但他给后世留下了不朽的著作。腓特烈一生著有 30 卷著作，其中包括 7 卷历史、6 卷诗歌和 3 卷军事专著。除了《军事条令》以外，还包括《当代史》《七年战争史》《军事遗书》《军事典范》《布阵法与战术纲要》《勃兰登堡史》等。腓特烈终身热爱文学艺术，擅长吹奏长笛。

普鲁士在腓特烈大帝的经营下，正式崛起成为欧洲强国。腓特烈大帝改变了欧洲的政治格局，为普鲁士日后统一德意志打下了坚实的基础，从而开创了一个历史的新篇章。

腓特烈死后 20 年，拿破仑在耶拿战役中大败普鲁士军，来到他的墓前，用马鞭指着他的墓碑对属下的将领们说："要是他还活着，我们就不可能站在这里了。"

腓特烈大帝铜像

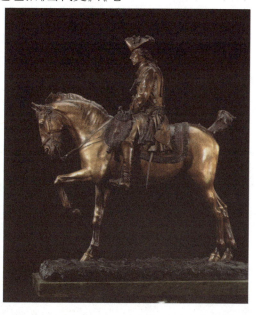

大事年表

1712 年	腓特烈出生于柏林。
1735 年	21 岁的腓特烈被派往瑞因斯堡担任地方长官。
1740 年	28 岁的腓特烈继承王位，成为普鲁士新国王。这年底，腓特烈率军南下突袭西里西亚，第一次西里西亚战争爆发。
1741 年	6 月，腓特烈与法国秘密结盟。
1742 年	7 月，普奥双方在柏林签订《德累斯顿和约》。第一次西里西亚战争结束。
1744 年	9 月 16 日，普军攻占布拉格，第二次西里西亚战争由此拉开了序幕。
1745 年	12 月 15 日，普奥双方签订协定，奥地利将西里西亚割让给普鲁士。第二次西里西亚战争结束。
1756 年	8 月底，腓特烈亲率大军袭击萨克森，由此爆发了遍及欧洲、美洲、印度等地的七年战争。
1762 年	1 月 5 日，普鲁士转败为胜，七年战争中的欧洲战事结束。
1763 年	2 月 10 日，英法签订《巴黎条约》，欧洲以外战事结束。2 月 15 日，普鲁士与奥地利和萨克森签订了结束七年战争的《胡贝尔图斯堡和约》。
1772 年	俄普奥三国联军发起了第一次瓜分波兰的战争。
1786 年	74 岁的腓特烈因心律衰竭平静地死去。

拿破仑

在人类的战争史上，拿破仑是一位天才的军事家。在 23 年的戎马生涯中，他的名字响彻了整个欧洲大陆。在战斗中，他善于激励士兵，正确地运用大规模武装群众的战术战略，并以远见卓识和迅速机动而著称。

在拿破仑的一生中，他多次与反法同盟进行战争，传播了法国革命的思想，加速了欧洲封建社会向资本主义社会的过渡。但在后期的战争中，他侵犯了许多国家的独立，引起了欧洲各国人民的反抗，最终导致了拿破仑帝国的覆灭。

↑拿破仑的父亲——夏尔·波拿巴

↑拿破仑的母亲——莱蒂西亚·拉莫利诺

↑在布里埃纳军校，呆板的生活和修道院差不多。同学们的嘲笑没能压倒拿破仑，他将所有的心力投入到学习中。

青少年时代

在意大利半岛的西面，有一个形状如鸡蛋的海岛，名为科西嘉岛。该岛居住着一个顽强好斗的民族。1768 年 5 月 15 日，法国强大的远征军占领了该岛的沿海城镇。岛上居民团结一致，在领袖保利的指挥下，展开了反抗法国入侵者的战斗。

保利身边有位年轻的副官名叫夏尔·波拿巴，他是岛上阿雅克修城的一个贵族。夏尔痛恨法国人的入侵，参加了科西嘉保卫战。1769 年春，岛上居民被迫向征服者屈服，保利逃往英国。不久夏尔带着妻子回到阿雅克修城，顺从了法国人的统治，加入了法国国籍。

1769 年 8 月 15 日，夏尔的第二个孩子出生了，夏尔给这个头颅硕大的男婴起了个与叔叔同样的名字——拿破仑，意为"荒野雄狮"。这个小男孩就是后来成为名震寰宇的人物——拿破仑。

在八个兄弟姐妹当中，老二拿破仑总是显得与众不同。他生性好斗，脾气暴躁。他自己后来回忆道："什么我都不在乎，我喜欢争吵、打架；我谁都不怕。见了什么人，我不是打，就是抓，谁都怕我。"在拿破仑身上，狂怒来得快，消失得也快。

1779 年，夏尔·波拿巴把拿破仑送往法国奥顿中学学习法语。同年春天，10 岁的拿破仑又被转到法国东部布里埃纳城一所公费的军事学校学习。

布里埃纳军校纪律异常严格，老同学总是虐待新学员。这个来自科西嘉、穿着破旧的矮个子拿破仑顿时成为法国贵族子弟的嘲弄对象。拿破仑怒不可遏，同他们打架，让他们觉得自己也不是好惹的。

在布里埃纳军校，他一共学习了 5 年。在这里培育了拿破仑原有的阴沉、忧郁和孤僻的性格。他总是有一种强烈的背井离乡、寄人篱下的感觉，他既不让人接近，又不讨人喜欢。他唯一的慰藉是工作和学习，他经常躲进图书馆，阅读和研究科西嘉的历史地理，他对伏尔泰和卢梭关于科西嘉的书尤感兴趣。他暗暗下定决心，有朝一日他要与保利携手合作，解放科西嘉，尽全力整治这些法国人。拿破仑精密而敏锐的思考、果决的判断和灵活的指挥，在学校里已初露头角。

1784年，拿破仑以优异的成绩从军校毕业了。他和四位同学作为士官生被推荐进了巴黎军官学校。该校直属法国王室，拥有第一流的教员，拿破仑在这里对炮兵学发生了浓厚的兴趣。

但拿破仑的上司恼怒他傲气的性格，提前了他的毕业考试时间。1785年9月，他顺利地通过了毕业考试，并被授予少尉军衔，被派往离科西嘉较近的瓦朗斯城的一个炮兵团服务，以便他照料家庭。

1788年6月，拿破仑随自己的团队开赴奥松城。科西嘉人民的苦难和贫困使他渴望为科西嘉的解放而奋斗。他迷恋上了卢梭、伏尔泰等启蒙学者的著作，对卢梭的《社会契约论》尤感兴趣。他还阅读了大量的有关历史、地理、宗教、社会风俗等方面的书籍，并作了许多笔记。经过大量阅读，拿破仑很快成了争取自由与平等的法国革命思想的狂热信徒，他把故乡科西嘉的命运同法国革命联系在一起。

1789年7月14日，法国终于爆发了革命，国王被迫让步，政权转移到资产阶级——制宪会议手中。拿破仑要利用法国革命来改变科西嘉的命运。

1789年8月，拿破仑回到科西嘉，为争取科西嘉的自由和解放而积极活动。这年11月30日，法国制宪会议宣布：科西嘉是法兰西帝国不可分割的一部分，科西嘉人民享有与法国所有居民同等的权利。

1790年7月14日，从英国流亡归来的保利在一片欢呼声中登上了科西嘉岛。然而，拿破仑却与保利在政治上产生了严重分歧。保利主张把科西嘉从法国占领下完全解放出来；而拿破仑则支持法国制宪议会

18世纪资本主义在法国已相当发达，而以国王为代表的特权阶层却顽固维护其特权地位，这种矛盾逐渐被激化。1789年7月14日，法国人民攻占了象征封建统治的巴士底狱。

的决议,并认为法国革命为科西嘉的发展创造了条件。

1791 年 2 月,拿破仑重返团队,同年夏天,他被调到瓦朗斯的另外一个团任中尉。这时,法国革命在各地不断取得胜利,拿破仑对革命的热情更加高涨。

1792 年 5 月,奥地利皇帝和普鲁士国王因仇视法国革命,向法国革命政府宣战。1793 年,拿破仑回到了阿雅克修,保利决定使科西嘉脱离法国,向英国投靠,并派人袭击了波拿巴一家。拿破仑带着全家从科西嘉逃出,他们先逃到土伦,后又去了马赛,备尝亡命和贫困之苦。科西嘉很快从法国分离出去而归英国保护,拿破仑则选定了法国作为祖国。

土伦战役

1793 年,法国局势正发生着巨大变化。这年春天,仇视法国革命的欧洲封建君主制国家组织了第一次反法联盟军,武装进攻法国。6 月,代表中、小资产阶级的雅各宾派建立了革命专政。

1793 年 7 月,王党分子为了推翻雅各宾派专政,恢复波旁王朝,允许反法联军英国和西班牙舰队驶入土伦港。此后,其他外国军队也都相继踏进这个地理位置十分重要的港口。到 9 月,土伦港的外国军队已经达到 1 万多人,这一情况震惊了整个法国。没多久,法国革命政府和反法联军便开始了一场著名的围攻战。

然而围攻战事屡屡不顺,收复土伦的前景十分黯淡。这时,拿破仑出现了。巴黎军事当局命令拿破仑担任土伦平叛部队的炮兵指挥官。

9 月中旬,拿破仑到达土伦前线。他很快发现这里的炮兵形同虚设,既无足够的火炮,又无充足的弹药。面对如此状况,拿破仑弄到了近百门大口径火炮及大量的弹药,并在奥利乌尔建立了一个有 80 名工人的军械工厂。

拿破仑仔细观察了战地,熟悉了每个局部的地貌。最后,他提出了攻陷土伦的作战计划。他认为应该首先攻占港湾西岸的马尔格雷夫堡,夺取克尔海角,然后集中大量

■法国革命爆发后,制宪议会成为革命领导机关和国家立法机关。国王路易十六暗中仍纠集、勾结内外势力反对革命。1793 年 1 月 21 日,路易十六被国民公会以叛国罪判处死刑。

火炮，猛烈轰击停泊在大、小停泊场内的英国舰队，切断英国舰队与土伦守敌之间的联系，迫使英舰撤出港口。这样，守敌一无退路，二无援兵，三无火力支援，法军只需很少兵力，便可迅速攻占土伦。拿破仑这一大胆而新颖的作战计划，显示了他敏锐的洞察力和丰富的想象力。杜戈米埃将军为拿破仑如此大胆而新颖的作战方案惊叹不已，并很快批准了这一方案。

这时英军似乎也认识到马尔格雷夫堡和克尔海角的重要性，征用了土伦一切人力来加强防御。拿破仑看此情形，便立即着手在小停泊场的北面构筑一个炮兵阵地，准备集中火力攻打马尔格雷夫堡。为了攻其不备，拿破仑带领士兵用橄榄树枝对阵地进行了巧妙的伪装。因此，敌人对这项工程毫无察觉。

🔺 土伦战役中的拿破仑

12月上旬，革命军的最后一批援军到达，使围攻土伦的兵力接近4万人。12月中旬，进攻土伦正式开始。法军使用45门大口径火炮，集中向马尔格雷夫堡猛烈轰击，马尔格雷夫堡顷刻间变成火海，联军的防御工事很快被摧毁。许多火炮还没有发射一颗炮弹就被击毁在阵地上。法军用猛烈的炮火整整轰击了两天两夜后，才真正发起冲击。

这天晚上，大雨滂沱，黑暗和恐怖笼罩着整个战场。午夜1点钟，在杜戈米埃将军的指挥下，法军6000人，从南北两翼开始攻击，直扑马尔格雷夫堡。敌人仍在顽强抵抗，在几次进攻都被击退之后，拿破仑率领预备队冲了上来。拿破仑命令炮兵大尉米尔隆率领一个营于凌晨3时，突入马尔格雷夫堡炮台，给后续部队打开了一个缺口，许多英国和西班牙炮兵还没明白过来是怎么回事，便被法军杀死在大炮上。

🔺 土伦之战是拿破仑军事生涯中的第一次成功尝试，使拿破仑大显身手，薪露头角，是他步入军事舞台和政治舞台的成功起点。

法军占领了马尔格雷夫堡后，立即调转炮口向敌人猛轰。经过激烈的战斗，终于将敌人全部逐出了克尔海角。

18日，法军收复了土伦城。这一捷报立即传遍了整个法国，拿破仑也因此成为众人瞩目的风云人物，得到

了雅各宾派奥古斯都·罗伯斯庇尔的赏识。1794 年 1 月 14 日，年仅 25 岁的拿破仑被任命为少将、炮兵旅长。2 月，他又被任命为为意大利军团的炮兵指挥。

平定王党军叛乱

1794 年，法国"共和历"热月 9 日这一天，雅各宾派的反对派突然发动政变，逮捕了罗伯斯庇尔及其弟奥古斯丁等一些雅各宾领袖。第二天未经审判，便将这些雅各宾派领袖处死。维护大资产阶级的热月党人掌握了政权。拿破仑由于和罗伯斯庇尔兄弟关系紧密而被捕，后经审讯，无罪释放。

拿破仑虽未被送上断头台，但他顺利的前程却因此中断了。拿破仑出狱后，当权者仍以不信任的眼光看着他，他的抱负得不到施展，心情非常压抑。

1795 年 5 月，拿破仑来到巴黎，希望获得新的任命。救国委员会命他去旺代镇压叛乱，但不是作为炮兵指挥，而是担任步兵指挥，拿破仑愤怒地拒绝了，他认为把他从炮兵调到步兵是对他的侮辱。他同救国委员会里负责军事的人大吵了一场，救国委员会因此免去了他少将、炮兵旅长的职衔。

🔥 罗伯斯庇尔是法国大革命时期重要的领袖人物，是雅各宾派政府的首脑之一。罗伯斯庇尔在法国和世界历史上影响深远，19 世纪很多欧洲革命家都对他怀有敬意。

拿破仑又开始了穷困潦倒、无所事事的生活。他心情沉闷地在巴黎度过了 1794 年的冬天和 1795 年艰难的春天。

没多久，法国错综复杂的政治斗争又一次把拿破仑推上了巴黎政治舞台，让他扮演了一个极为重要的角色。

热月党人战胜了雅各宾之后，解散了巴黎公社和各地的革命委员会，新兴资产阶级投机倒把的活动空前地猖獗起来。国民公会派军队对饥饿的群众进行了血腥镇压，把许多人送上了断头台。

这时，保王党人认为波旁王朝复辟的机会来了，他们发动叛乱，实行白色恐怖，并拥立路易十六的弟弟普罗旺斯伯爵为路易十八。热月党国民公会派奥什将军前去镇压，击溃了叛乱队伍，并将被俘的750名叛乱者全部处死。

1795年8月，热月党人通过了一部宪法。新宪法引起了广泛的不满，保王党分子趁机又活跃起来，9月下旬，法国中部地区开始出现了动乱。在巴黎，保王党分子组织了一个中央委员会，他们决定在10月5日（即葡月13日）举行暴动。热月7月12日，大部分地区落入暴动者之手。暴乱分子在巴黎已达到约4万人，而忠于国民公会的兵力却只有5000人左右，热月党人的倒行逆施使得国民公会失去了群众的支持，热月党人的统治岌岌可危。

这天夜里，热月党的国民公会决定任命巴拉斯为巴黎武装部队司令。巴拉斯曾参与围攻土伦，是热月政变的一个策划者。巴拉斯想起了曾几次找他帮忙的拿破仑，并命人将拿破仑找来平息叛乱。

这时，巴黎的情形十分危急。巴黎的大部分地区失去控制，陷于叛乱队伍的包围之中，拿破仑迅速地重新部署了国民公会的防卫。作为一名出色的炮兵，拿破仑首先想了如何使用大炮，他计划使用炮火猛攻叛乱队伍。

装备良好的叛军已经控制了巴黎的主要街道，拿破仑用大炮进行猛烈轰击，使得叛军措手不及，很快就溃散了，战斗只持续了一个多小时便结束了。第二天早上，叛军总部宣布投降，热月党的国民公会得救了。

⬆ 1794年7月27日，巴黎出现暴动，一名国民卫队的少年兵开枪打碎罗伯斯庇尔的下颚并将他逮捕，这就是有名的热月政变（上图）。1794年7月28日，罗伯斯庇尔被送上断头台，之后雅各宾派有超过百人被处死刑（下图）。

巴拉斯和其他领导人非常钦佩拿破仑的勇敢果断。因为在拿破仑看来，既然要打仗，那就不管付出多大代价，即使血流成河，也要争取到胜利。此后的拿破仑，一直毫无例外地遵循着这个原则。在战斗中毫不留情，这也是拿破仑的一大特点。他曾经这样说自己："我是两个不同的人：有头脑的人和有良心的人，不要以为我没有像别人那样的多情善感的

↑ 1794年,拿破仑因受牵连而被捕入狱。

心,我是相当善良的人。但是,我从少年时代起,就尽力使这条心弦静止下来,以至现在它不发出一点声响。"

热月党的国民工会得救了,穷困潦倒的拿破仑一夜之间成为军界和政界无人不晓的大人物。他荣升为陆军中将兼巴黎卫戍司令,搬进了旺多姆广场旁的高级旅馆,成了巴黎上层社会的人物。

在巴黎沙龙里,拿破仑受到豪富和显贵的热情欢迎,他爱上了一个名叫约瑟芬·德·博阿尔内的寡妇,一时沉浸在甜蜜的爱情中。

然而,拿破仑并不满足于巴黎的豪华生活,更不甘愿做一个驯服的助手,他想要施展自己的军事才能,他想要成为伟大的统帅,他想要轰轰烈烈地干一番大事业。

为了彻底打败欧洲的第一次反法联盟,完全解除外来的军事威胁,法国督政府决定展开积极的军事行动。1796年3月2日,26岁的拿破仑被任命为法兰西共和国意大利方面军总司令。3月9日,拿破仑和博阿尔内举行了婚礼。新婚后两天,即3月11日,拿破仑就与妻子告别,匆匆赶赴意大利军团上任。从此,拿破仑开始了独立作战的生涯。

北意大利战役

↑ 由于在解救热月党人中的突出表现,使拿破仑一跃成为名人,经常受到上流社会的邀请,出入各种上层的沙龙会所。

北意大利战役的起源可以追溯至1792年。撒丁·皮埃蒙特国王和维克多阿美戴三世在1792年加入反法同盟,向法兰西共和国宣战。北意大利成为共和国与反法同盟之间冲突的战场之一。

至1795年,共和国在欧洲大陆上的最有威胁的敌人就是奥地利、英国和俄罗斯。俄罗斯采取隔岸观火的态度,叫嚣要消灭法国,却从不亲自出兵;英国远在海峡那边,只能提供物资上的帮助,并依仗强大的海军优势;而奥地利却几乎控制着所有意大利的国邦以及中欧大部分土地,所以,奥地利军队成了北意大利战场法军进攻的主要目标。

很快,拿破仑提出了南线作战计划,督政

🔺《跨越阿尔卑斯山圣伯纳隧道的拿破仑》描绘拿破仑率领大军,登上险峻的阿尔卑斯山,为争取时间抄近道越过圣伯纳隧道,进入意大利的情景。

府同意了拿破仑的作战方案。3月27日，拿破仑一行到达意大利军团驻地尼斯，并建立了司令部。拿破仑检阅了自己的部队，这是一支半饥饿的、衣衫褴褛的军队，炮兵、骑兵严重不足，物质生活极为困乏，士气十分低落。下属军官根本不把这个操着一口科西嘉口音的小个子放在眼里，对于这一点，拿破仑是不能容忍的，谁胆敢和他作对，不论其职位高低，脑袋必须搬家，这是他一直遵守的原则。

1796年4月5日，拿破仑率领部队从阿尔卑斯山沿海山脉有名的"天险"处翻越阿尔卑斯山。尽管沿岸巡逻的英国舰队对他们不断地进行炮火轰击，但拿破仑毫无畏惧，显现出惊人的勇敢和镇定。4月9日，部队平安地越过了天险。

拿破仑面对的敌军是强大的：一支是奥地利军，一支是撒丁军，共计8万人，并配备强大的骑兵和炮兵。而拿破仑的军队仅有敌军的一半，且炮兵、骑兵均不足。但拿破仑非常自信，凭着对这个地区地形的熟悉，他决定集中兵力首先把奥军和撒军从中切断，使自己获得主动地位。

4月中旬，拿破仑凭着敏锐的洞察力、迅速的决断和敏捷的行动取得了出征后的第一个战役的胜利，彻底切断了奥军与撒丁军队的联系。4月底，撒丁国王被迫宣布退出战争，经过谈判后，双方正式签署了对法军极为有利的停战协议。

在拿破仑的一路带领和鼓励下，这支曾经是半饥饿的、纪律涣散的军队已成为一支所向无敌的优秀军队了，拿破仑获得了部下的信任和尊敬。

法军初战告捷，使得北意大利战场的战略形势发生了根本性变化，奥军在意大利陷入了孤立境地。

拿破仑在战斗中表现出的勇敢，受到士兵们的热情赞扬，他们亲热地称拿破仑为"小伍长"。拿破仑成为人们心目中的传奇英雄。拿破仑亲自赶赴阵前，冒着炮火，和部下并肩与奥军拼杀。士兵的士气被激励起来了，整个队伍奋不顾身地和奥军拼杀。5月中旬，法军在人们的欢呼声中浩浩荡荡地开进了庄严繁华的米兰城，把奥军赶出了伦巴第地区。

5月下旬，法军主力经过短时间的休整后，又向

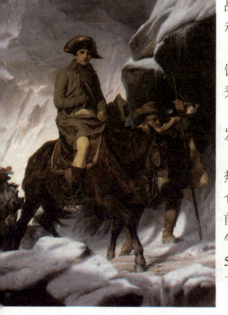

⚔ 拿破仑率领部队穿越阿尔卑斯山

东挺进，追击奥军残部。在这期间，拿破仑从没有脱过靴，也没有睡过觉，无休止地急行军，一仗接着一仗，法军情绪十分高涨。人数众多、阵地坚固的奥军虽然非常难攻，拿破仑也曾两次差点丢掉性命，但拿破仑出色的统领才能，使奥军终于还是抵挡不住，节节败退。

《阿尔科拉桥上的拿破仑》，这幅画取材于北意大利战役中的一场战争。画中描绘了拿破仑身先士卒、英勇无畏的飒爽英姿。

曼图亚争夺战是北意大利战役中具有决定意义的战役，长达9个月。曼图亚要塞为奥军在意大利的惟一重要基点，位于波河和明绍河交汇处，地形险要，有"意大利锁钥"之称。当时流传一句名言：曼图亚在谁手，意大利归谁有。

对于这样一个处于关键地位的要塞，拿破仑不是花费高昂的代价去直接强攻，而是采用围点打援的方法来获取的。为解曼图亚之围，奥军曾不遗余力地连续4次派兵加以援救，均被法军粉碎，拿破仑正是借此大量消灭了奥军。

1796年5月，法军包围了曼图亚。在第一次包围曼图亚时，法军总兵力约4.2万人，仅以约8000人围攻曼图亚，却以3.4万人待机迎击奥军的援兵。到1797年2月，前来解围的奥名将先后被拿破仑打败，其军队被大量歼灭，守军待援无望，终于向法军投降，除了损失2.7万人外，500多门黄铜大炮也落入法军之手。在给当时督政府的报告中，拿破仑宣称：在4天内打了4次战役和6个遭遇战，总共杀伤敌军6000人，俘虏2.5万人。

1796年5月10日，在洛迪战役中，为了争夺一座桥梁，拿破仑亲自率领掷弹营，冒着奥地利军封锁桥头的密集炮火向前冲锋，结果一举夺得大桥，击溃了奥军，取得胜利。

拿破仑之所以在意大利战场取得了辉煌的胜利，原因在于他对分散的优势之敌，采用了出其不意、涉险而进、机动灵活、集中优势兵力各个击破的战法。此次战役再次表现了拿破仑敏锐的洞察力、迅速的决断和敏捷的行动。

在今天看来，拿破仑在北意大利战役中取得的成就，仍是不可思议的奇迹。曼图亚城被破，奥地利的大门就此打开。意

大利军团深入奥匈帝国腹地,前锋距维也纳仅约160千米,1797年10月18日,这个庞大帝国无奈之下与拿破仑签订了有利于法兰西共和国的停战条约。困扰法国革命5年之久的欧洲封建国家结成的"第一次反法同盟"土崩瓦解。

这一战役的胜利,是拿破仑个人政治生涯的起点,更是整个欧洲历史的转折点。拿破仑由此踏上了通向法兰西皇帝宝座的阶梯,从而开创了对后世影响深远的"拿破仑时代"。

拿破仑一世皇帝

取得北意大利战役的胜利后,拿破仑的威信越来越高,他成为法兰西共和国的英雄。而他的崛起令督政府感到了威胁,因此任命他为阿拉伯埃及共和国军司令,派往东方以抑制大不列颠及北爱尔兰联合王国在该地区势力的扩张。在拿破仑的远征军中,除了2000门大炮外,还带了175名各行业的学者以及成百箱的图书和研究设备。在远征中拿破仑曾下达过一条著名的指令:"让驴子和学者走在队伍中间。"

1798年,拿破仑率领法军入侵埃及,然而,这次出征却惨遭失败。虽然拿破仑的军队在陆地上取得了全盘胜利,但他的舰队却被英国的海军上将纳尔逊完全摧毁,部队被困在埃及。此时欧洲反法联盟逐渐形成,而法兰西共和国国内保皇派势力则渐渐上升。

1798年7月21日,拿破仑率兵到达亚历山大港,以二万五千人的兵力与十万大军的马穆鲁克在金字塔下决战。

1799 年 8 月，拿破仑最终决定赶回巴黎。他放弃了他在埃及的军队，在返回法兰西共和国时，400 艘的军舰只剩下 2 只小舰，人员损失惨重。

这年 10 月，拿破仑回到了法兰西共和国。他发现人们记忆犹新的是他指挥意大利之战的成功，而不是出征阿拉伯埃及共和国的溃败。

于是，拿破仑利用这一优势，于 11 月 9 日发动政变。拿破仑以解除雅各宾过激主义威胁共和国为借口，开始行动，他派军队控制了督政府，接管了革命政府的一切事务，任首席执政。在执政府中，拿破仑大权独揽，开始了为期 15 年的独裁统治。这一天是法国共和历雾月 18 日，所以，历史上称这次政变为"雾月政变"。

19 日，拿破仑把法国议会——元老院和 500 人院全部解散，他夺取了议会大权，并宣布成立执政府。之后，拿破仑进行了多项政治、教育、司法、行政、立法、经济方面的重大改革，还公布了法兰西共和国八年宪法，重申废除封建等级制，法国为共和国，规定第一执政（拿破仑）的权限：公布法律，并可随意任免参政院成员、各部部长、大使和其他高级外交官员、陆海军军官。后来，他又取消了革命时期的地方自治机构，使法国成为一个高度中央集权制的国家，拿破仑成为法兰西共和国第一执政。

雾月政变使拿破仑掌握了法国军政大权，此后，他连续采取军事行动，决定性地打击了欧洲封建势力对法国的几次反扑。1800 年 6 月，拿破仑击溃奥地利军队取得马伦哥战役的胜利，粉碎了第二次反法联盟。

1802 年，以沙俄为首的第二次反法联盟又被拿破仑击溃，使俄国对法国的威胁解除了。1802 年 8 月，拿破仑下令修改共和国八年宪法，由首席执政变为终身执政，确立他的独裁统治。

拿破仑还采取了一系列维护其资产阶级统治的措施。他用武力征讨和分化瓦解的手段，镇压了保王党的复辟活动，同时，又采取了其他统治措施，巩固了他的统治基础。

1804 年 3 月 21 日，拿破仑正式公布了对后

拿破仑本想以议会的方式发动政变，但是却受到其他议员的呵斥、推搡和威胁，最后不得已用武力完成了政变。

1804年12月2日，拿破仑登上法国皇帝宝座，手持被称为"正义之手"的查理五世的权杖和查理曼大帝的宝剑。

世影响深远的《拿破仑法典》。这部法典堪称人类历史上的典范性法典，它是拿破仑下令起草的。他下令成立由4名委员组成的"民法起草委员会"，规定委员必须在11月内完成民法起草。起草委员会按期完成了民法草案，经大理院和上诉院研究修改后，提交参政院讨论修改。参政院围绕民法草案，共召开了102次讨论会，拿破仑亲任主席并参加公议97次。法典基本上采纳了法兰西共和国大革命初期提出的比较理性的原则，最后经立法院一致通过。

法典在1804年正式实施，即使在一个多世纪后依然是法兰西共和国的现行法律。法典对德国、西班牙、瑞士等国的立法起到重要影响。在政变结束后三周，拿破仑向人民发布的公告中，他自豪地宣称："公民们，大革命已经回到它当初借以发端的原则。大革命已经结束。"

1804年5月，拿破仑强迫元老院封他为帝。11月6日，公民投票通过共和国十二年宪法。12月2日，35岁的拿破仑在巴黎圣母院大教堂举行了隆重的加冕典礼，他自称皇帝，称拿破仑一世，他的妻子约瑟芬·博阿尔内加冕为皇后，法兰西共和国改为法兰西第一帝国。一年之后，拿破仑又在意大利由教皇加冕为意大利国王。

1804年12月，在成就过法国无数帝王的巴黎圣母院，拿破仑加冕典礼隆重举行。

奥斯特里茨会战

1805 年的奥斯特里茨之战是拿破仑一生中最引以为自豪的战役。

拿破仑登位后,开始实现他统一欧洲的雄心。他决定先征服不时袭扰大陆的英国,积极进行登陆英国本土的作战准备。英国上下惊慌失措,于 1805 年 8 月,联络奥地利和沙皇俄国组成了第三次反法同盟。奥地利军队准备等待俄国大军到来后共同对法国展开攻击。

拿破仑只好暂时放弃了登陆英国的计划,决定抢在俄国军队到来之前,先击败奥地利军队。拿破仑部署在英吉利海峡岸边的 17 万精锐法国军团,仅用了 25 天就横穿法国本土赶到多瑙河边。赢得了时间的拿破仑立即挥师东进,围歼了奥军的 5 万大军,并趁势进攻奥地利本土。

1805 年 11 月 13 日,拿破仑大军占领了奥地利首都维也纳,奥皇弗兰茨及朝臣逃往摩拉维亚(今捷克境内)首都布尔诺,法军的先头部队毫不迟疑地在后面紧紧追击。然而,形势依然严峻。溃败的奥地利军队即将与俄国军队会合,总兵力将增加到 9.3 万人,而法军只有 7.3 万人。而这时,普鲁士却有了加入反法联盟的趋势,这令拿破仑担心不已。普鲁士的 18 万军队正在边境集结,很有可能从侧翼给法军致命一击。法军要想取胜,就必须在普军参战前击败俄奥联军。

11 月 20 日,拿破仑与他的几个元帅合军一处,攻入布尔诺。此时奥皇弗兰茨和俄皇亚历山大一世也会合赶到前线,俄奥联军由俄国名将库图佐夫担任统帅。两军在布尔诺以东 20 千米处的一个叫奥斯特里茨的村庄附近对峙。

决战在即,拿破仑又一次表现出了非凡的外交才能和军事天才。他非常担心联军撤走,为诱使敌人与他决战,拿破仑命令前哨部队开始撤退,做出不敢应战的姿态。与此同时,拿破仑还故做假象,向前来试探态度的普鲁士特使表现出求和的样子,并让特使滞留在维也纳,以至迟迟不能回复普鲁士国王,使普王下不了开战的决心。

🔶 奥皇弗兰茨

🔶 俄皇亚历山大一世

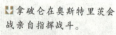
联军统帅——库图佐夫

拿破仑高超的演技非常凑效，沙皇亚历山大一世和奥皇弗兰茨认定拿破仑非常有可能要逃过多瑙河，退回法国。于是决定不必等普鲁士参战，立即向法军展开进攻。联军统帅库图佐夫是沙场老将，他坚决反对仓促决战，认为只有等普鲁士参战才有可能战胜法军。

然而，沙皇亚历山大一世却决定采用联军总参谋长奥地利将军魏洛特的作战计划，在南面左翼集结大量兵力进攻拿破仑薄弱的右翼，只要法军右翼战线崩溃，就可以切断法军来自南面的补给线，彻底击败法军。

大战前夜，拿破仑亲自巡视阵地，他对这次战役充满了必胜的信心。士兵们看到自己的皇帝激动万分，将他团团围住，纷纷点燃火炬向他致敬，高呼："拿破仑万岁！大军万岁！帝国万岁！"

拿破仑遥望敌军阵地，向士兵们公开宣布了作战计划："士兵们，我们所占的阵地极为坚强，敌人必然想迂回我们的右翼，这时，他们的侧面也就会暴露在我们的面前。我们就可以在中段粉碎敌军，或者把敌军的侧翼和中段切开，我们将在这次战斗中大获全胜！"

拿破仑的做法大胆得出奇，效果也好得出奇。法军官兵对自己伟大的统帅崇拜得五体投地，为了拿破仑，人人都愿意舍生忘死地去战斗。

1805年12月2日，奥斯特里茨大战在即。7.3万名斗志高昂的法军士兵展开了队列，拿破仑将全军向东展开。在普拉岑高地敌方左翼与中段之间的决定性地段上，拿破仑集中了6万大军和大部分火炮，用来攻击俄奥联军的只有4万人。远处，俄军和奥军也以密集的队形潮水般涌来，联军统帅库图佐夫亲自登上战线中段的普拉岑高地指挥作战。

俄奥联军分成6路纵队开始向法军进攻。库图佐夫看出因为联军左翼进展过快，战线已经过长，中段已大大削弱，再贸然出击，结果会非常危险。但面对沙皇的严令，他只有无可奈何地接受。

拿破仑在奥斯特里茨会战亲自指挥战斗。

库图佐夫刚一调动俄军从普拉岑高地出击，法军便一举击溃了高地上并不多的俄军，占领了高地，切断了俄军的后路。俄军断了后路，便和法军士兵展开了激烈的白刃战。

在战场北线，法军的左翼与奥地利骑兵进行了大规模攻防战，俄奥联军虽经苦战，却还是被法军压得向后退却。此时，普拉岑高地已成为战役成败的关键。俄法两支庞大的骑兵队伍像两股洪流，猛烈地撞击在一起，不断有人发出惨叫跌下马来，战斗十分惨烈。

就在这决定整个战争胜负的时刻，拿破仑拿出了自己的御林军。法国近卫军的重装骑兵以排山倒海的气势冲向高地。俄军骑兵终于落荒而逃。

拿破仑抓住战机，又命令两支法军向俄奥联军左翼的侧后方，发起了决定性的进攻。此时，联军军心大乱，根本挡不住法军的猛烈攻击。俄奥联军全面溃败，向后方逃去。奥皇和俄皇眼见全军覆没，慌忙逃窜。联军统帅库图佐夫也差点成了法军的俘虏。

奥斯特里茨之战，拿破仑取得了辉煌的胜利。在一天的战斗中，俄奥联军死伤 1.5 万人，被俘 1.8 万人，损失火炮 186 门，法军仅伤亡 6800 人。

拿破仑回到维也纳，得知战况的普鲁士特使急忙转变态度，向法国皇帝表示祝贺。12 月 6 日，法奥签订停战协定，奥地利再次丧失大片领土和属地，付出大宗赔款，欧洲第三次反法联盟瓦解了。

奥斯特里茨会战是拿破仑一生取得的最辉煌的一次军事胜利，为他赢得了欧洲第一名将的巨大声誉，拿破仑帝国从此进入了全盛时期。

在奥斯特里茨会战中，拿破仑能够以闪电般的速度给敌人以毁灭性打击的才华，再次得到了充分体现。在军队数量处于劣势的情况下，他仍能保持一支适当的预备队来左右战局，并在敌军溃退时进行猛烈的追击，给敌人以歼灭性的打击，令后来的军事家们为之惊叹。

这次会战因欧洲三个大国的皇帝全部亲临战场，因此又被称为"三皇会战"。拿

位于法国戴高乐广场中央的凯旋门是拿破仑为纪念他在奥斯特里茨战役中大败奥俄联军的功绩，于 1806 年 2 月下令兴建的。

破仑料敌如神，敏锐地洞察到了对手的所有失误而紧紧抓住，在历史上留下了极为精彩的一页。恩格斯曾评价道："奥斯特里茨是战略上的奇迹，只要还有战争存在，它就不会被忘记。"

在这之后，拿破仑又进行了一系列维护帝国统治的战争。1806年，拿破仑击败了以俄国、普鲁士为主的第四次反法联盟，迫使普鲁士投降法国，拿破仑因此取得了德国大部分地区。1807年6月，法军又在波兰大败俄国军队，拿破仑与俄国沙皇亚历山大一世会面，双方签订了和平条约，在此前一年拿破仑颁布了《柏林敕令》，宣布大陆封锁政策，禁止欧洲大陆与英伦的任何贸易往来。

自此，法兰西共和国在欧洲大陆的霸主地位得到了确立。拿破仑一世兼任意大利国王、莱茵邦联的保护者、瑞士联邦的仲裁者，并分别封他的兄弟约瑟夫、路易、热罗姆为那不勒斯、荷兰、威斯特伐利亚国王。

⬆ 1807年7月7日，俄罗斯沙皇亚历山大一世与法国的拿破仑在尼门河中央的竹筏会面后，签订了《提尔西特条约》。

莱比锡战役

1807年末西班牙爆发内部动乱，西班牙国王遭到人民的唾弃。胜利给拿破仑巨大的荣耀，但他并不满足。为了使自己的势力范围进一步扩大，拿破仑便乘机入侵了西班牙，并让他的哥哥约瑟夫·波拿巴成为西班牙国王，但结果遭到了西班牙人的坚决反对。

大不列颠及北爱尔兰联合王国在1808年介入西班牙争端，英军8月8日登陆蒙得戈湾，8月30日占领了整个葡萄牙。之后他们在当地民族主义者的支持下，逐步将法军赶出了伊比利亚半岛。

正当拿破仑陷入西班牙泥潭之际，1809年初第五次反法同盟组成。奥地利帝国在背后偷袭法在德国的领土，拿破仑被迫退出西班牙，率军东征。奥地利帝国军队虽然一开始取得优势，但是拿破仑很快就转败为胜，迫使奥地利帝国签订维也纳和约，再次割让土地。次年，拿破仑娶奥地利帝国公主玛丽·路易莎为妻，法奥结成同盟。

◀ 拿破仑与奥地利帝国公主玛丽·路易莎的婚礼

至此，拿破仑帝国达到极盛时期，一个幅员辽阔的拿破仑帝国在连续不断的侵略战争中形成了。1811年，拿破仑帝国居民总计7100万。

1811年末，法俄关系开始恶化，俄国沙皇亚历山大一世拒绝继续与法兰西合作抗英，一场战争不可避免地将要发生了。拿破仑开始积极进行对俄战争的外交和军事准备。

1812年春，法国分别同普鲁士和奥地利结成军事同盟。条约规定，奥国必须出3万名士兵，普鲁士则须出2万人帮助拿破仑作战。到1812年春末，欧洲各附庸国基本上都在顺从地准备对俄作战。

1812年5月，拿破仑率领操12种语言的50万大军开向俄国。俄军采取了撤退不抵抗的战术，直到1812年9月12日，双方才得以在博罗金诺交战，法军阵亡7万人。之后，法军进入莫斯科。拿破仑本以为亚历山大一世将会妥协，未料到迎接他的却是莫斯科全城的大火。而此时在国内又有人策划了一次失败的政变，令他不得不赶回法兰西，最后回到法兰西的只有1万人。

拿破仑一回到巴黎，立即着

▶ 1808年，拿破仑的雇佣军侵入西班牙，首都马德里近郊的农民奋起抗击侵略者，但斗争失败了。戈雅根据这一斗争事件创作了油画《1808年5月2日的起义》。

↑ 1812年，俄国军队火烧莫斯科，以阻挡拿破仑的入侵。

手组织一个新的大军团。1814年和1815年，拿破仑很快又集中了20多万人的主力军。与此同时，第六次反法同盟组成。

1813年4月，拿破仑离开巴黎，他计划进军莱比锡，同俄普联军决战，先在南方取得优势，再北占柏林。而此时，30万联军也正在向莱比锡集中。5月21日，法军在包岑一战中取得胜利，但付出了巨大的代价，伤亡2万余人。

6月1日，法、俄、普三国接受了奥地利的调停建议，签订了停战协议。不久，奥地利和瑞典也正式加入了联军，形势对拿破仑极为不利。

8月10日，经过几个月的休战，联军废止停战协定，于11日，正式对拿破仑宣战，一场大规模的战争又开始了。

1813年8月27日，双方在德累斯顿爆发了第一场大战，法军取得了暂时的胜利。法军乘胜追击撤退的联军，又俘获了几千联军兵士。联军在击败法军的麦克唐纳军、旺达姆军、乌迪诺军和内伊军之后，渐向莱比锡扑进。

10月3日，普鲁士将领布吕歇尔的西里西亚军队渡过易北河后，形成对法军的包围。为阻止反法联军的会合，拿破仑集法军于莱比锡，兵力达15.5万人。

1813年10月16日，联军方面发出三声号炮，史称"民

↑ 莱比锡大会战

族会战"的莱比锡大战开始了。联军的四个攻击集团在炮火的掩护下，逐渐向莱比锡压缩。面对敌军凌厉的攻势，正面法军第一线部队几乎呈动摇之势。拿破仑本想等第三军团到达时再发动攻击，但已经来不及了。拿破仑断然下令：全线进攻。于是，一幕蔚为壮观的战争图景展开了。在炮兵火力的掩护下，元帅缪拉带领1.2万名骑兵和步兵，以密集的队形直冲对方的中央阵地。大军冲上前去，所向披靡，一连冲散了敌方两个营的步兵，缴获了26门火炮。

联军一时混乱，俄、奥、普三国君主惊得跨马就逃。缪拉的骑兵经过一阵狂风式的奔驰以后，很快就精疲力竭了。联军很快转被动为主动，并缴获了法军火炮53门。

傍晚时分，双方各损失了2万多人，胜负不分。拿破仑见联军已对法军形成了合围之势，便提出休战协议，联军却不予理睬。

与此同时，巴伐利亚脱离了与法国的同盟，倒向了联军，并率军至莱茵河畔，准备攻击法军。10月18日，激战又起。这时联军已增加到29.5万人，比法军几乎多一倍。

联军从东西南北分6路合围莱比锡，莱茵联邦的萨克森步兵和炮兵投向反法联盟。面对联军优势兵力的攻击，法军被迫撤离一些难以坚守的阵地。

10月19日上午，拿破仑率领法军开始向林德瑙方向撤退，由于埃尔斯特河上的桥梁被炸毁，法军后卫及伤员被困在莱比锡城中，经过艰苦巷战，莱比锡最终落入反法联盟手中。

历时4天的莱比锡战役，是拿破仑战争期间最大的一次战役。双方损失惨重：拿破仑损失近8万人，盟国损失5.4万余人，最后以盟国的胜利而告终。

在莱比锡战役中，拿破仑的统帅才能未能发挥出来，采取的作战行动不如以往得力。莱比锡会战的结果使拿破仑在德意志的统治最终崩溃，莱茵联邦解体，使法国失去了在欧洲的许多领地，最终加速了拿破仑的垮台。

莫斯科的大火使得远离本土的法军陷入了粮荒，大批军马被饿死，战车因无马而不得不选择遗弃。进入冬季后，在饥寒交迫的情况下，拿破仑大军被迫从莫斯科撤退，沿途60万士兵被活活冻死。

百日政权与滑铁卢战役

1814年4月20日，拿破仑同追随他的近卫军们举行了庄严的告别仪式。一个将军擎着鹰旗，拿破仑拥抱了他，吻了鹰旗后坚定地离去，身后的士兵们哭成一片。

1814年3月，巴黎被占领，同盟军要求法兰西帝国无条件投降，同时拿破仑必须退位。1814年4月13日，拿破仑在巴黎枫丹白露宫签署退位诏书，此前两天，拿破仑宣布无条件投降。拿破仑本人在退位后被流放到地中海上的一个小岛厄尔巴岛。拿破仑保留了"皇帝"的称号，可是他的领土只局限在那个小岛。

拿破仑在往厄尔巴岛的路上几乎被暗杀，自己也尝试自杀未遂。而在巴黎，路易十八回到法兰西，重新成为法兰西国王，波旁王朝复辟。

但是，人们没有想到，这个被囚禁在厄尔巴岛的失败者，竟然又创造出了令整个欧洲为之震惊的奇迹。

1815年2月26日，拿破仑逃出小岛，率领1000人于3月1日回到法兰西。路易十八的专制统治，则显得腐化和无能，只知道压迫百姓；而拿破仑统治下的专制政府，至少还能给法国带来荣誉和活力。波旁王朝开始不得人心，尤其是遭到冷遇的将军们，更加怀念拿破仑了，人们对拿破仑执政的渴望变成了一股强大的、谁也无法阻挡的洪流。3月20日，拿破仑回到巴黎时，他已经拥有一个14万人的正规军和20万人的志愿军。路易十八逃跑，百日王朝开始。

拿破仑在巴黎出现了，整个欧洲震惊了。3月25日，第七次反法同盟正式成立，他们决心彻底打垮这个科西嘉怪物。

复位后的拿破仑深知同盟国绝不会袖手旁观，他抓紧每一分钟重建帝国政权和大军。与此同时，拿破仑还进行了广泛的政治和社会改革。他曾多次声明重建的帝国与过去不一样，它的主要任务是保证法国人民的和平与自由，法国再也不谋求对欧洲的任何统治权，但坚决反对外国对法国的任何形式的干涉。

然而，反法同盟不会就此罢休，他们拒绝了拿破仑向他们提出的一切和平建议，一场战争已不可避免地将要发生了。

拿破仑以其超乎寻常的充沛精力和高效能的组织天才，终于在短短的日子里组织起一支帝国大军。5月底，他征集的正规部队已达28.5万人，这时，反法联盟军达到了70万人。

1815年6月18日，一场历史上著名的战役——滑铁卢大决战开始了。英荷联军由将领惠灵顿公爵指挥，他把阵地设在滑铁卢以南约3千米处的一片丘陵地带上，以圣杰安山高地为主阵地。阵地右翼的霍高蒙特别墅是惠灵顿防御的重点，他在这里使用了英国近卫军。荷兰军和其他盟国的杂牌部队则被安放在中央和左翼阵地上。同时，在中央阵地后面，保持有比较强大的预备队，联军火炮的大部分都配备在这里。惠灵顿曾给炮兵作出明确规定：不要理会法军的炮兵，集中火力直接射击逐步推进的敌军步兵和骑兵。

根据联军阵地的部署，拿破仑决定集中主力首先突破联军防御薄弱的中央阵地，抢占圣杰安山，然后向两翼扩大战果，将敌人一分为二，各个击破。为此，拿破仑制定了一个佯攻霍高蒙特别墅以牵制敌军兵力从而保障中央突破的作战计划。

一场巨大的厮杀即将开始，拿破仑集中了7.2万人的兵力，并配备火炮240门。惠灵顿的兵力则是6.8万人，火炮160门。

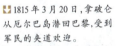
1815年3月20日，拿破仑从厄尔巴岛潜回巴黎，受到军民的夹道欢迎。

　　18日上午10时，拿破仑再次视察正在进入攻击状态的部队。11时30分，法军80门大炮同时向英军阵地轰击，会战开始。担任佯攻的第二军第六师奉命出动，向霍高蒙特逐步逼近。面对十倍于己的法军，英国近卫军进行了顽强抵抗，打退了法军一次又一次进攻。法军陷入了毫无意义的苦战之中，不但没能把英军主力吸引过来，反而把自己的兵力给拖进去了，佯攻变成了不断增兵的硬攻。

　　下午1时左右，拿破仑突然发现在东北方向有一片黑压压的军队。他们很快证实了这支军事是普军第四军的前卫，他们正准备前来攻击法军右翼。其后面还有第一和第二军的部队。面对情况的突变，拿破仑表现得异常镇定，他立即命人给格鲁希写信，信中写到："敌军的中央在圣杰安山上，请立即前来加入到我们的右侧面上。"但由于信使将信送到格鲁希手中已经晚了，格鲁希的部队已被普军的第三军围困在华费里无法脱身。

　　下午1时30分，法军全面进攻开始。第一军从左至右一线排开，左翼为第一师，在轻骑兵旅的支援下，进攻敌军中央阵地正前方的拉海圣庄园，其余三个师进攻敌军的左翼。法军从四面围攻拉海圣庄园，但由于拉海圣庄园的主体是个非常坚固的砖石建筑物，守军龟缩在里面进行顽强的抵抗，法军一时难以攻占。

　　与此同时，法军的其他三个师依仗优势兵力和强大的炮火，攻击进展异常迅速，很快就占领了前沿阵地。就在登上丘陵顶部的法军得意忘形时，距他们仅40步左右，隐蔽在山脊北侧约4000人的一个英军步兵师，突然连续发射猛烈的排枪，并冲进法军的队形。山顶上展开了一场激烈的肉搏战，英军师长约克顿在混战中中弹身亡。

　　惠灵顿瞅准机会，及时调上了两个骑兵旅共六个团，对法军进行反冲击。面对陡增的英军，法军支持不住，开始败退。英军乘胜追击，摧毁了法军的部分炮兵发射阵地。拿破仑立即投入了两个骑兵旅，一时杀得英骑兵人仰马翻，仓皇退去。

　　法军在霍高蒙特和拉海圣两地久攻不克，致使大军无法向纵深推进。下午3时30分，法军再度向这两地发起猛烈攻击，但两地的守军仍坚持不动。

🔺伊比利亚半岛和滑铁卢两次战役在惠灵顿领导下获胜，惠灵顿因此赢得了极高的军事荣誉。

拿破仑一世的军队与英、荷、普联军在滑铁卢进行的交战。

这时，敌军的守军向阵地后面退去，内伊以为英军开始撤退，不等拿破仑下令，他便命令骑兵师和部分近卫骑兵约5000人，对敌主阵地发起冲击。4时左右，5000名法军如潮水般向霍高蒙特和拉海圣之间狭窄的正面上冲去，很快就冲上对方阵地，俘虏了联军全部火炮。

惠灵顿立即调拢步兵，排成严整的方阵实施反冲击。形势发生了逆转，法军再次被打退。此时，拿破仑不顾手下苏尔特的劝告，抛出了法军骑兵的全部预备队，对敌军阵地发起第二次大规模的进攻。而这时，联军也加强了防御力量，结果，法军一连五次大规模的冲击全被打退，损失惨重。

拿破仑严令手下内伊不惜一切代价攻占拉海圣。下午6时过后，法军进行了第六次冲击。英军受到内伊连续六次的猛攻，伤亡极其惨重，几乎到了山穷水尽的地步。经过长时间的激战，法军终于攻占了拉海圣。冲击的法军继续突进，最后占领了英军中央阵地的部分地段。

拿破仑清楚地知道，英荷联军已是精疲力竭、千疮百孔了，谁胜谁负，就在这最后一举。他把剩下的8个近卫军营全部交给内伊指挥，要求他作好最后一次冲击。7时左右，一名法军军官叛逃投敌，并将法军的兵力情况和进攻计划全部讲出，惠灵顿立即重新部署兵力，以对付即将到来的进攻。

🔲 遭遇滑铁卢的拿破仑神情惧丧。

最后的冲击开始了，大约4000名身经百战的近卫军官兵组成了一个排列极为严密的进攻方阵，向敌军阵地挺进。法军很快突破了联军的防御，冲到了山顶上的英军阵地。大功即将告成，只见山后突然出现了两个营的英近卫军，距离法军只五六十步时，便一齐猛烈朝法军开火。法军来不及还击，向后退去。

◀ 被放逐的拿破仑

这时,法军已经两面受敌,乱了阵脚。惠灵顿开始发起全线反击,一时间,4万名联军官兵排山倒海地从山上直扑下来,法军招架不住,纷纷败退。

拿破仑匆忙赶到拉海圣以南,重新集中了三个近卫军营。他亲自带领这三个营屹立在阵地前沿,英军冲了上来,列成方阵的法近卫军拼命抵抗,但终因势单力薄,他们且战且退,掩护拿破仑撤出了战场。

法国人在英军的追击下,无法坚持,四处溃逃。19日凌晨,拿破仑带了一万名残兵退回巴黎,从此,彻底结束了他的戎马生涯和政治生命。

6月22日,拿破仑第二次被迫退位,他的第二次执政,仅有101天,历史上称为"百日政权"。7月15日,拿破仑正式投降。法兰西第一帝国覆灭,路易十八再度复辟。

拿破仑被流放到南大西洋的圣赫勒拿岛。一个习惯于指挥千军万马驰骋疆场的人,突然间被囚禁在这个远离大陆和世人的荒岛上,在英国人的监督下生活,其精神上的折磨和痛苦可想而知。在这里,拿破仑度过了人生的最后6个年头。

1821年5月5日,拿破仑在岛上郁郁而终。5月8日,在礼炮声中,拿破仑,这位一度叱咤风云、有功也有过的盖世英雄被葬在圣赫勒拿岛上的托贝特山泉旁。

1840年12月15日,在拿破仑去世19年后,法国七月王朝的路易·菲利浦派人将拿破仑的遗骨接回。这天,在巴黎的街头,数不尽的人群冒着严寒、迎着风雪,参加了隆重的接灵仪式,并护送灵柩前往塞纳河畔的荣军院。拿破仑的遗愿得到了实现,从此,他安息在塞纳河畔,安息在他热爱的法国人民中间。

◀ 法国塞纳河畔的荣军院内的拿破仑陵墓

大 事 年 表

1769 年	8 月 15 日，拿破仑出生在科西嘉岛。
1789 年	7 月 14 日，法国大革命爆发。
1795 年	拿破仑平息了保王党分子的叛乱。
1796 年	3 月，拿破仑被任命为法兰西共和国意大利方面军总司令。
1797 年	10 月，奥匈帝国被迫与拿破仑签订停战条约，"第一次反法同盟"瓦解。
1799 年	11 月 9 日，拿破仑发动"雾月政变"，成为法兰西共和国第一执政。
1804 年	12 月 2 日，拿破仑自称皇帝，法兰西共和国改为法兰西第一帝国。
1805 年	在奥斯特里茨战役中，拿破仑击败了第三次反法联盟。
1813 年	10 月 16 日，拿破仑在莱比锡大战中被第六次反法同盟联军打败。
1814 年	4 月 13 日，拿破仑被流放到厄尔巴岛上。
1815 年	拿破仑逃出厄尔巴岛。拿破仑在滑铁卢战役中惨败，被流放到圣赫勒拿岛上。
1821 年	5 月 5 日，52 岁的拿破仑在圣赫勒拿岛上去世。
1840 年	12 月 15 日，拿破仑的遗骨被法国接回，安放在塞纳河畔。

纳尔逊

　　霍拉肖·纳尔逊是英国的一代海军名将。他击碎了拿破仑征服英国的梦想，使英国获得了一个多世纪海洋帝国的霸主地位，因而被誉为"英国皇家海军之魂"。

　　在长期的海战中，纳尔逊创立"纳尔逊战法"——把握战机，主动奇袭，迫敌决战，使对方首尾不能相顾，从而达到歼灭的效果。在历次海战中，纳尔逊率领的舰队总是以少胜多，以主动致敌被动，从而战无不胜。应该说，纳尔逊是古今中外海战中最杰出的将领。

年轻的舰长

自 1763 年巴黎和约结束七年战争以来,英国一直居于世界霸主地位,大英帝国第一次被称为日不落帝国,一个主要依靠海洋生存的帝国。享受了短暂的数年和平后,1770 年出现了新的战争威胁。1770 年 6 月,西班牙从布宜诺斯艾利斯派出一支远征军,突然袭击福克兰群岛,并攻占了这个地区。这个消息一时间使英国进入了战争状态,结果,西班牙在向法国求助无望时,便向处于海上霸主地位的英国屈服了。

福克兰群岛事件是自 16 世纪末叶西班牙无敌舰队进攻英国之后,对英国海军霸主地位的最大一次挑战的开瑞。这预示了英国皇家海军的一个重要转折点即将到来。在以后几年内,英国的主要危机都发生在欧洲海域,在即将到来的与拿破仑的战争中,法国舰队与西班牙舰队将联合起来,企图摧毁皇家海军。拿破仑军队力图全面入侵,并最终占领英国,这样一来,英国将会受到更加严重的威胁。英国拿起自己的最引以为荣的长项——被称为"英国长城"的海军,从而展开了与法国、西班牙日益发展的联合舰队之间所进行的海上战争,加速了这最壮观和最可怕的帆船舰队时代的到来。

从福克兰群岛西班牙首次公开的挑衅,到 1805 年的特拉法尔加海战,虽然仅仅 35 年时间,然而这短短的 35 年却是充满大规模战斗的时代,是海上杀戮与破坏的时代,也是海上勇士与杰出的军事家辈出的时代。小个子青年霍雷肖·纳尔逊正是这一时期的海军将领,英国强大的保护者。

🔷 曾称霸一时的西班牙无敌舰队

1758 年 9 月 29 日，霍雷肖·纳尔逊出生在英国诺福克郡伯纳姆索埔村，也正是在这一年，英国政府批准建造胜利号战列舰。

纳尔逊是家里八个孩子的第三个，他 9 岁时母亲去世，这个大家庭就由他父亲一肩担起。12 岁那年，他作为一名海军军校学生加入了英国皇家海军，并到了他舅父沙克林任舰长的舰上当实习生。他随舰一起远航，获得了很多船舶驾驶和海上生活的经验。沙克林利用他的影响使纳尔逊来到"卡凯斯"号上，随他参加了北极探险，使年仅 14 岁的纳尔逊获得了在冰海航行的经验。

↑ 12 岁的纳尔逊开始了随舰远航的生活。

沙克林升任皇家海军审计官，他的影响更加速了纳尔逊在海军中的晋升。纳尔逊勤奋好学，他很快掌握了很多海上技能，成为了一名经验丰富而又能干的年轻军官。1778 年，沙克林去世，次年，纳尔逊被任命为"新驰布鲁克"号舰长。胡德海军上将又在纳尔逊的军事生涯上帮了他一把，他任命纳尔逊为"阿来玛"号舰长并带年轻的威廉王子（后来的威廉四世国王）前往西印度。

此后十多年，在看似平静的海洋和大地上，一场前所未有的大风暴正在酝酿。

围攻卡尔维

18 世纪末，欧洲正处在剧烈的动荡中。1789 年，法国大革命爆发了，欧洲大陆顿时陷入了空前的狂热。18 世纪末的最后几年，欧洲封建君主们在做最后的垂死挣扎，资产阶级民主革命的风暴从法国巴黎一直横扫整个欧洲。1793 年 1 月，法王路易十六被送上断头台，狂飙般的法国大革命结束了 1500 多年的法国君主制。

而这时 27 岁的纳尔逊作为一位舰长，正在默默无闻地积累和学习，蓄势

↓ 1793 年 1 月，法国国王路易十六被送上断头台。

世界大军事家成功故事

世界大军事家成功故事

🔺在卡尔维战役中,纳尔逊不幸失去了右眼。

待发。随着战争威胁的升级,5年后的1794年,36岁的纳尔逊舰长奉命参加欧洲第一次反法联盟对法战争。

在法国的土伦海军基地被法国革命军攻占以后,这时英国需要在西地中海有一个新的海军基地,纳尔逊授命指挥归属胡德勋爵的地中海舰队的"阿伽门农"号,执行封锁和围攻科西嘉的巴斯蒂亚和卡尔维,这两个城市都筑有防守工事。

在这块先属于意大利,后又属于法国的科西嘉岛上,纳尔逊带着他的水手和特遣部队进行战斗,展现了自己的勇气和韧性。7个月后,巴斯蒂亚投降。

1794年6月19日,纳尔逊带领2000名水手和特遣部队到达加尔文西边大概6千米的地方。7月29日,他们以微小的损失占领了法军全部的前哨阵地。这时,他们距离法军大本营非常近,但法军疏于防范,英军在不曾浪费一枪一弹的情况下,部署了火力强大的炮兵阵地,兵力没有受到丝毫损伤。

形势于英军非常有利,在经过一阵激烈的战斗之后,法军的防御工事被摧毁了,大本营被炸成了废墟。然而就在这次战斗中,法军的一发炮弹击中了英军的炮兵阵地,弹片和石头击中了纳尔逊的头部和胸部,使他伤势非常严重,但纳尔逊仍坚持指挥战斗,斗志毫不动摇,其英勇顽强的毅力令将士们肃然起敬。

🔺1796年,纳尔逊在皇家"阿伽门农"号上升起了他的将旗,率领着他的第一支舰队在热拉亚海外进行军事行动。

经过6个月的战斗,卡尔维被英军攻陷,但不幸的是纳尔逊失去了右眼,他所带领的2000人由于时令和气候的原因牺牲了一大半。虽然如此,这次战役意义却非比寻常。围攻卡尔维的胜利,破坏了法国同意大利之间的所有海上贸易,取得了巨大的成效。

不久,霍特汉姆海军中将接替胡德任地中海

舰队司令。"阿伽门农"号参加了与法军的战斗,纳尔逊俘获了一艘战舰。但纳尔逊并不满足霍特汉姆的命令,并请求采取进一步行动,霍特汉姆却没有采纳他的建议。因为,霍特汉姆对和一支法国小舰队在土伦附近的一次交战的小小战果感到满意,他命令结束战斗,这激怒了纳尔逊。纳尔逊用比对方"沙伊拉"号小的战舰"阿伽门农"号对有80门大炮的法国"沙伊拉"号发动进攻,并且将其俘获,"沙伊拉"号上战死和受伤的军官和士兵多达400人,然而,其他的船却逃跑了。

1793年到1796年间,纳尔逊指挥"阿伽门农"号参加了大小数十次战斗,均以获胜告终。1796年,纳尔逊因其出色的指挥才能被升任为海军准将。

圣文森特角海战

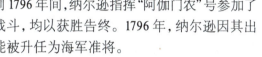

圣文森特角位于伊比利亚半岛西南角的突出部,在现今的葡萄牙境内。纳尔逊挫败法军的进攻,取得了巨大的成效。然而,拿破仑突然挥师南下,一路打向热那亚和里沃纳。英国海军上将杰维斯被迫撤消了对土伦的封锁,并命令纳尔逊掩护英国人员从里沃纳撤至厄尔巴岛。到1796年末,计划由于厄尔巴岛的撤退而拖延。西班牙与法国结盟,法军得到了西班牙舰队的有力支持。

纳尔逊的护航舰队兵分两路向直布罗陀进发,他在"密涅瓦"号上,与"柔门力士"号结伴,沿海岸线经土伦和卡塔赫纳(西班牙海港)前进。

1797年1月29日,纳尔逊的护航舰队到达卡塔赫纳。然而,令纳尔逊吃惊的是,这里已成为空城。在舰艇数量和火炮数量上,占有绝对优势的西班牙舰队(27艘主力战舰)已经驶向加的斯(西班牙港口),期望北上与法国舰队会合。西班牙舰队中拥有当时最大的水面战舰——"神圣三位一体"号,装备130门主炮,还有三艘112门主炮的战舰,而且有很强的火力。如果西班牙舰队与法国人会合,那么法西联合舰队的力量将远远超过英军,届时地中海和大西洋的形势都将改观,英国的舰队肯定在劫难逃。所以,

⬆西班牙舰队最大的水面战舰——"神圣三位一体"号模型

↑ 英国海军中将约翰·杰维斯

目前紧要的就是抢先击败西班牙舰队。

为此，杰维斯撤回了地中海的舰队，并驶向圣文森特角以期阻止西班牙舰队北上。不久，纳尔逊通过了直布罗陀，也很快与杰维斯的舰队会合了，并登上了杰维斯的旗舰"胜利"号。此时，英国共有 15 艘主力战舰，仅相当于西班牙的一半多。

1797 年 2 月 13 日凌晨，西班牙舰队在 24 千米以外发出炮声信号，英国与法、西同盟之间的第一场战争——圣文森特角海战——拉开了帷幕。

西班牙舰队继续逼近，英国舰队则呈两列纵队的战斗队行迎战。迷雾散去，纳尔逊眼前出现了庞大的西班牙舰队，呈两个疏散的纵向队列：一支是 18 艘主力战舰，另一支是 9 艘主力战舰。西班牙舰队开始调整炮口，它们企图合成一列纵队，集中火力轰击较弱小的英国舰队。

英国战舰立刻合成一列战斗队形，向南直冲向两队西班牙舰队之间。英国战舰紧咬住敌人，企图在西班牙舰队中间穿过去，这样英国战舰两弦的火炮都可以发挥威力。处于英舰队形前列的"卡尔敦"号首先开炮，紧接着其余各舰先后向射界内的西舰开火。此时，下风处的西舰队也正全力企图与上风处的西舰队会合。英国舰队成功地把西班牙舰队截成两段，占了上风，并且集中火力，准备各个击破。

■ 圣文森特角海战是英国同法、西同盟一系列较量中的第一次。英军以少胜多（15：27），战胜了装备优良的西班牙舰队。

但是，西班牙舰队突然发现了一个把两截舰队重新合起来的机会，并且对船只做了必要的操纵。纳尔逊坐镇的"船长"号处在舰队中处于倒数第三的位置，他看到西班牙人想把自己的船只和剩下的舰队汇合到一起，如果他们成功了，将会极大扭转战争局势。

就在这时，杰维斯发出"占领有利位置相

互支援,紧咬住敌人"的命令。但是,纳尔逊没有执行杰维斯的命令,而是脱离了杰维斯精心部署的阵形,冒险采取了一个新战术,完全背离了传统的海军作战方法。这是一个勇敢的举动——因为纳尔逊知道这将意味着许多船集中火力来攻击"船长"号。同时,他会因此而激怒自己的统帅。他采取主动,把部署在舰队后方的自己的船开到舰队最前方。

纳尔逊下令狠狠转舵,脱离了英国舰队,直接冲向了高高的桅杆和帆樯林立的西班牙舰队。纳尔逊四处出击,然后冲进了西班牙舰队里,完全没有别的船护卫。在采取这一大胆举动时,纳尔逊同时还从敌人的后面接近了它的第六艘船,这是西班牙舰队上将的船"神圣三位一体"号,上面有 136 门大炮和四层甲板,据说是当时世界上最大的船。尽管双方力量悬殊,纳尔逊准将立即对庞大的对手发动了进攻,在很长的一段时间里,不仅与这艘船作战,而且从船头和船尾进攻前来援助的其他船只,这些船每艘都有三层甲板。

而这时有 74 门大炮的"船长"号,遭到了三艘一级战列舰的炮火进攻。"船长"号已经失去了它前桅的中桅,没有一块船帆,一根横桅索和绳索存留,船舵被打飞,再也不能执行追逐任务了。

这时其他英国船只也赶来援助。纳尔逊向敌人发动了快速而致命的侧舷炮火攻击,西班牙的上将放弃了和其他舰队会合的打算。

纳尔逊命令"船长"号的指挥官米勒上校向右转舵,命令登船手迅速登船。纳尔逊命令米勒船长把船靠向西班牙船附近的"圣杰西夫"号,并带头跳向在急驶中的"圣杰西夫"号,士兵们也紧跟着跳了过去。西班牙军官用手枪射击,但士兵们很快就冲开了舱门,西班牙舰队司令官受伤阵亡,许多军官就地投降。

圣文森特角海战以纳尔逊夺得了两艘西班牙战舰而结束。在战斗中,西班牙舰队有 4 艘战舰被俘,10

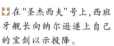
在"圣杰西夫"号上,西班牙舰长向纳尔逊递上自己的宝剑以示投降。

↑ 纳尔逊右臂受伤后，由部下救走。

艘受重创，被击毙和俘虏的人员达 5000 余人；而英国舰队基本没有什么损失。

在圣文森特角海战中，英军以少胜多，给法、西同盟以沉重的打击，破坏了法国的战略企图，使英国免于受到拿破仑的征服。更重要的是，它向人们证明了在海上西班牙人已不是英国人的对手。

此战后，纳尔逊被晋升为海军少将，并获得了勋爵封号。英国政府公报上刊登了大量的有关纳尔逊在战场上英勇战斗的细节，人们欢呼着，庆祝英国海军的第一次重大行动的胜利，纳尔逊的名字也因此开始受人瞩目。

这年 7 月，纳尔逊在奉命进攻西属加那利群岛的特拉里夫岛，指挥圣克鲁斯之战时，不幸失去了整条右臂，但纳尔逊无畏无惧，坚持指挥舰队，赢得了最后胜利。

此时，纳尔逊还不到 40 岁，但他"英勇无畏，能征善战，身残志坚"的威名已经传遍全军，人送绰号"残疾将军"。

阿布基尔海战

↓ 在战争中，纳尔逊深知信号旗的弊端，于是每次战争前他都要与舰长们面对面进行战术讨论。

1798 年初，身体康复后的纳尔逊重返舰队，担任地中海分舰队司令。

这年 5 月，纳尔逊在尼罗河口的阿布基尔湾遭遇了掩护拿破仑的法国舰队。

阿布基尔是距亚历山大港 23 千米的一个小渔村，呈长方形，一端靠罗塞塔不远，与尼罗河两个河口中的一个相连，由于常年从尼罗河口冲刷下来的泥沙淤积，整个海湾内到处是浅滩暗礁和曲折的水道，对于不熟悉近岸水情的船只来说，阿布基尔是一

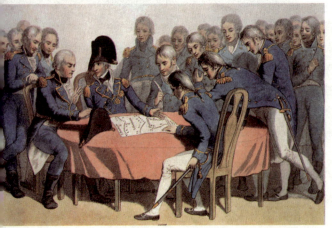

个陷阱。法国舰队司令布律埃斯在海湾入口处的一个小岛上布置了一个炮群,架设了4门大炮和1门从军舰上卸下的巨型短炮,以加强对海防御。

1798年8月,纳尔逊的地中海舰队发现法舰时,天色已近黄昏。法舰停泊在一片浅滩旁边,一边靠沙滩,一边倚海岸,正好堵在航道上,使敌舰无法插入。

在发现法国舰队后,纳尔逊改变了以前的海军指挥官只限于相互之间讨论问题,司令官通过信号旗给各舰下达命令的这一惯例。纳尔逊倾向于与舰长们直接讨论战术,以便让每位舰长都对作战计划心中有数。长期的作战经验告诉他,仅靠信号旗指挥战斗是很不可靠的,很容易产生误解,从而给整个战斗造成灾难性影响。

这一战役,英法双方的力量对比几乎相当,各有13艘战列舰,法军有1万人、1183门火炮;英军8000人、1012门火炮。尽管如此,纳尔逊确信一旦进入射程,英军将能粉碎法国舰队,他的作战计划是集中全部军舰攻击法军的前卫和中央。准备就绪后,纳尔逊打破夜间不能作战的惯例,下令攻击,英舰队从法舰和浅滩之间插入,紧贴着法舰开炮,法舰遭到突然袭击,异常惊骇,仓促还击。

为了包围法军的前卫和中央,纳尔逊在命令"奥赖恩"

阿布基尔海战是世界历史上具有深远影响的战役之一。它沉重打击了法国舰队,使拿仑征服英国的美梦化为泡影。

法军的"东方"号战列舰周身燃起了大火,它的主桅落入水中,后桅也被打断,周身千疮百孔。

号继续迂回的同时,亲率"先锋"号和其余各舰从濒海一侧包抄,这样法军前卫和中央就完全被包围了,整个英国舰队以几乎二比一的优势攻击法军。激战到 21 时左右,法国舰队的前卫已基本被歼,"征服"号悬旗投降,"战士"号也准备步其后尘,海面上到处是燃烧着的船只,弥漫的浓烟掩盖了大部分军舰,只有这些军舰的桅杆仍在炮火中时隐时现。晚 10 时,布吕埃斯的巨大旗舰"东方"号被打着了。这艘 120 门炮的战列舰是战列舰中最大的一艘。火焰引燃了"东方"号火药库,大爆炸把破片掀到天空,布吕埃斯当场阵亡。由于航道狭窄,法国战舰一时难于逃脱,处于被动挨打的惨状。

8 月 2 日,东方泛白,阿布基尔湾中到处是法舰残骸。13 艘法国战列舰中:2 艘被击沉,其余 9 艘被俘。只有战列舰"高贵"号和"吉劳姆"号快速舰乘夜黑和混战逃走,其中的一位舰长维尔纳夫,日后作为法西联合舰队的司令官在特拉法尔加之战中登场。当纳尔逊发现维尔纳夫逃跑后,便立即命令"热诚"号追击,但其他英舰都已精疲力竭,无法协助它,"热诚"号单枪匹马无法对付维尔纳夫,纳尔逊只好又把它召回。

在阿布基尔海战中,英国海军获得辉煌胜利,英国舰队没有 1 艘被击沉,伤亡 1000 余人,其中死 200 多人;而法国舰队共有 11 艘战列舰被击毁或击

阿布基尔海战胜利后,纳尔逊与士兵们在船上娱乐庆祝。

1801年4月2日的哥本哈根海战中，纳尔逊率一支分舰队向丹麦舰队发起进攻，毁了敌人许多船只。

沉，伤亡超过5000人，其中死1700人。此役后，纳尔逊被英王晋封为男爵。

阿布基尔海战是18世纪最值得回忆的一次战斗，它解决了一直困扰海军专家们的问题：如何集中兵力攻敌之一部，同时钳制其余敌人。另外，这一战役成功地向法国和世界宣告了英国海上的霸主地位，为法国海军对英国的海上霸权的不断挑战划上了句号。

同时，这次海战加强了英国对俄国和其他欧洲国家的影响，直接促成了第二次反法同盟的形成，1799年3月，英国、奥地利和俄国结成了第三次反法同盟，土耳其的态度也发生了微妙的变化，一直中立的苏丹塞里姆三世出现了反法倾向。

阿布基尔海战后，纳尔逊成为英国家喻户晓的英雄人物。

1800年底，俄国、瑞典和丹麦组成武装中立同盟，共同对付英国。为瓦解它们，在1801年3月，帕克海军上将率53艘战舰组成的舰队驶入厄勒海峡。同年4月2日，纳尔逊率一支分舰队向丹麦舰队发起进攻。战斗初期，由于丹麦舰队有组织的抵抗，英军受到重创，帕克命令纳尔逊撤出战斗，但纳尔逊不予理睬，继续进攻，在英国战舰的猛烈打击下，丹麦舰队损失惨重，被迫投降。纳尔逊乘胜追击，将瑞典舰队和俄国舰队也赶跑，彻底摧毁了三国同盟。

这次战役（也叫尼罗河战役）的巨大胜利使纳尔逊被受予子爵，并接替帕克，升任波罗的海舰队司令。

在特拉法尔加海战中逝去

1803 年 5 月，英法两国战火重燃。拿破仑发誓要打垮英国，英国则紧紧抓住了手中唯一的盾牌——皇家海军，准备随时迎战法军。

这一次，拿破仑的目标是避开英国海军，用其精锐的陆军直接登陆进攻英国本土。为了把强大的英国海军从本土牵走，法国海军中将维尔纳夫因战略的失误，结果导致法西联合舰队被封锁在加的斯港内，拿破仑因此放弃了进攻英国本土的计划，同时撤掉了维尔纳夫海军中将的职位。维尔纳夫因一时气愤，便决定在新司令官到来前率舰队溜出加的斯港。这次战役，纳尔逊被英国派去攻打被封锁在加的斯港内的法西联合舰队。

开战前夕，双方的海军实力悬殊不大。法西联合舰队有战列舰 33 艘。其中一艘是当时最大的四层火炮甲板战列舰"三叉戟"号，其他的战列舰是：3 艘三层甲板战列舰，6 艘 80 门炮船，22 艘 74 门炮船，1 艘 64 门炮船。此外，法西舰队中还编有 13 艘各类巡洋舰，仅战列舰就有侧舷火炮 2626 门，共载官兵 2 万多名。

英国舰队原来共有战列舰 33 艘。由于派路易少将组织马尔他护航队调走了 6 艘。留在纳尔逊编内的 27 艘战列舰中 7 艘是三层火炮甲板战舰，其余 20 艘为双层火炮甲板战舰。合计火炮 2 148 门，官兵 16820 人，外加 4 艘巡洋舰和几艘辅助船。

1805 年 10 月 9 日，法西联合舰队的军舰开始驶出加的斯，但由于风向的问题，直到 11 天后的中午，才全部驶入大海。而在这之前，英国的侦察舰已经发现了联合舰队，纳尔逊下令拦截，10 月 20 日夜间双方舰队不断逼近。

10 月 21 日拂晓，双方已接近至约 16 千米。6 时 10 分，纳尔逊发出"成两路纵

⬆ 纳尔逊的"胜利号"旗舰模型

■ "胜利"号旗舰在特拉法加战役挂起"英伦期盼每个汉子格尽其责"的旗号。

在特拉法尔加大海战中，纳尔逊与法国－西班牙联合舰队的作战中身受重伤，躺倒在旗舰的甲板上，生命垂危。

队前进"的命令，6时20分，下令"备战"。联合舰队司令维尔纳夫知道战斗不可避免，为了便于舰队作战不利时撤入加的斯港，他下令舰队进行180度大转向，以使加的斯港位于舰队的下风位置，这一变化不仅严重影响了士气，而且使联合舰队的队形陷入混乱。

在联合舰队因调转方向陷入混乱时，纳尔逊抓住战机下令进攻，英国军舰分成两个纵队，分别由纳尔逊乘坐的"胜利"号、科林伍德乘坐的"王权"号担任两个纵队的先导舰，"胜利"号上升起了著名的"英国要求舰队全体将士尽忠职守"信号，随后又升起"进一步接敌"，英国舰队在一片欢呼声中向联合舰队直插过去。上午11时45分，联合舰队"弗高克斯"号向"王权"号开炮，特拉法尔加海战打响。

会战打响后，纳尔逊亲乘"胜利"号，率"提米莱尔"号、"海王星"号三舰突入敌阵，进入敌阵后他向右转舵，希望能找到维尔纳夫的旗舰。尽管"胜利"号上所有的望远镜都在帆樯间寻觅，可就是看不到维尔纳夫的海军上将指挥旗。所以英军统帅无法找到法军统帅，和他船靠船地进行一场决斗。纳尔逊失望之余，心想到，也许维尔纳夫就在最大的法舰"三叉戟"号上坐镇指挥。纳尔逊因此逼近"三叉戟"号，用所有的大炮猛轰这艘四层甲板的巨舰。在"胜利"号和"三叉戟"号激战时，"胜利"号的一名观测兵发现在"三叉戟"号后方有一艘普通的双层火炮甲板战舰，它就是法舰"布森陶尔"号，上面挂着总司令维尔纳夫的旗帜。"胜利"号冒着纷飞的炮弹冲到"布森

纳尔逊在"胜利号"舱内临终前一刻。

陶尔"号的后方,用68磅的"粉碎者"和其他侧舷炮猛射它的舷窗。两舰距离很近,英舰的猛烈炮火使"布森陶尔"号损失特别惨重。紧跟"胜利"号的英舰"海王星"号、"征服者"号也靠拢法国旗舰,向"布森陶尔"号抵近射击。纳尔逊见"布森陶尔"号已被包围,令"胜利"号向右转舵,攻击法舰"敬畏"号。

"胜利"号和"敬畏"号战列舰互相逼近,双方投钩手立刻就把对方的战舰钩住了。英国水兵和法国水兵都准备跳上敌舰甲板,进行古老而残酷的接舷战。"敬畏"号舰长、法国海军上校卢卡斯非常勇敢,他指挥水兵向"胜利"号的甲板冲锋。

英军胜利的战局已定,但就在这胜利的最后时刻,站在"胜利"号上指挥战斗的纳尔逊突然被一名法军狙击手击中了胸部,在确信他所率领的英军已经战胜之后,纳尔逊留下了一生中最后的一句话:"感谢上帝,我总算尽了我的义务。"他悄然辞世,年仅47岁。

在这次特拉法尔加大海战中,英军死449人,伤1214人,战舰无一损失。而法西联合舰队作为一个整体已不复存在,33艘战列舰中有12艘被俘,8艘彻底丧失了战斗力,9艘逃往加的斯,4艘逃向直布罗陀。这天夜里,大西洋起了罕见的大风暴,狂风恶浪一连四天,联合舰队的一些伤船在风暴中沉没了。估计法西联军死伤约7000人,被俘约7000人。

特拉法尔加海战在巩固英国海上霸主地位的同时,再次向传统的线式战术提出挑战,从此世界各国海军开始重视和发展海上机动战术。此后多年,法国和西班牙再不能对英国构成有意义的海上威胁。而这一切,不能不说霍雷肖·纳尔逊从中所起的决定性作用。

在纳尔逊长达35年的海军生涯中,他身经大小战斗不下百余次,作战英勇顽强,在军事上敢于破除旧教条,突破传统的战略战术,善于在战斗中发挥独创和主动精神,这就是被人们著称的"纳尔逊风格"。

作为有史以来最伟大的海军指挥官,纳尔逊的行为准则、英勇品格和高超的航海技术直到今天还是海军军官学习的楷模。

为了缅怀纳尔逊,许多街道、旅店和纪念碑被命名纳尔逊。下图为位于伦敦市中心的特拉法尔加广场的纳尔逊纪念圆柱。

大事年表

1758 年	9 月 29 日,霍雷肖·纳尔逊出生在英国诺福克郡伯纳姆索埔村。
1779 年	纳尔逊被任命为"新驰布鲁克"号舰长。
1794 年	36 岁的纳尔逊奉命参加欧洲第一次反法联盟对法战争。在卡尔维战争中,纳尔逊失去了右眼。
1796 年	纳尔逊被升任为海军准将。
1797 年	7 月,纳尔逊在战争中失去右臂。
1798 年	纳尔逊担任地中海分舰队司令。 8 月,纳尔逊指挥的英军在与拿破仑的军队作战时,大获全胜。
1801 年	纳尔逊率舰队摧毁了丹麦、瑞典及俄国组成的三国同盟。
1803 年	10 月,英法两国在特拉法尔加海上展开了战争,英国取得了胜利。纳尔逊在战争即将结束时死去,年仅 47 岁。

艾森豪威尔

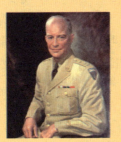

德怀特·艾森豪威尔是第二次世界大战时西欧盟军最高司令，美国总统，五星上将。艾森豪威尔铸就了卓越的指挥艺术，他熟谙军事，容易与人接近，在协调各方面关系上极具才能。在富有传奇色彩的一生中，他曾以外交使团成员的身份出使菲律宾，以军人的身份指挥美军征战欧洲和朝鲜，退役后任哥伦比亚大学校长，后又连任两届美国总统。

第二次世界大战后期，艾森豪威尔任欧洲盟军最高司令，指挥英美联军在法国诺曼底成功登陆，为世界反法西斯战争的胜利作出了杰出的贡献。

贫困出身

↑ 艾森豪威尔 3 岁时的照片（左三）

1890 年 10 月 14 日，德怀特·戴维·艾森豪威尔出生于美国堪萨斯州丹尼森一个贫困家庭。那是一个强调纪律的时代，非常注重家庭教育。淘气的孩子常常会让父亲大发脾气，并用山胡桃木棒打他们。

12 岁的艾森豪威尔曾经历了这样一件事情：一天，艾森豪威尔的父亲狂怒地回到家里，抓住儿子埃德加的衣领动手就打。原来，他是因为听到了儿子埃德加总是逃学的事情。当时，小艾森豪威尔被吓哭了，但是，他勇敢地抓住父亲的胳膊进行阻止。父亲扭过头，对艾森豪威尔愤怒地说："难道，你想替他挨打吗？"这时，艾森豪威尔一边哭一边争辩道："我认为任何一个人，甚至一条狗，都不应该像孩子那样挨鞭子！"父亲听了，这才意识到自己是因为愤怒而完全失去了控制，所以，他并没有惩罚艾森豪威尔。而每当事情过后，艾森豪威尔的母亲总是耐心地给孩子们讲道理。有时候，孩子们也发脾气，母亲就会及时地给出警告。这给了艾森豪威尔很大的影响，使他学会了和自己不喜欢的人怎么打交道。因为他从母亲那里懂得了仇恨是一种无用的东西，因为恨一个人或者恨一件事，自己什么也得不到，反而还会使自己受伤害。这对他后来成为一个优秀的盟军主帅意义十分重大。

少年艾森豪威尔非常崇拜英雄，对军事战争书籍很是着迷，他还酷爱体育，他喜爱运动本身所具有的对抗性，面对对手决胜的意志，并具有优秀的组织才能。时光如水，少年时代很快成为过去，艾森豪威尔即将告别中学生活。

19 世纪末期，美洲的战事不断，从军对于年轻人来说也是一件神圣而新鲜的事。因为家庭贫困，艾森豪威尔选择了免费的西点军校。而这

↑ 19 世纪的西点军校。西点军校是美国历史最悠久的军事学院。它曾与英国桑赫斯特皇家军事学院、俄罗斯伏龙芝军事学院以及中国黄埔军校并称世界"四大军校"。

并非是艾森豪威尔的个人爱好，也不是父母的意志，他的母亲是一个和平主义者，不愿自己的儿子从军，但她也没有阻拦。

1911 年 6 月，艾森豪威尔成为西点军校的一名士官生，开始了他的军旅生涯。在西点军校，斯巴达式的教育锻炼了艾森豪威尔的意志，并造就了他的军人品质。美国第 18 任总统格兰特就曾经就读于这所学校，这给了艾森豪威尔很大的启发。

早期军事生涯

第一次世界大战爆发后，壮志满怀的艾森豪威尔从西点军校毕业，获少尉军衔。由于战争，许多同学都去法国参战，艾森豪威尔却分配到国内从事训练军队的工作。由于他训练期间成绩卓著，很受上级赏识，还被评价为最能干的陆军军官之一，并于 1916 年晋升为中尉。

1918 年，艾森豪威尔创办了美国陆军的第一所战车训练营，28 岁的他成为少校军官。后来，艾森豪威尔又到陆军坦克学校接受训练，1921 年毕业。第二年调任驻巴拿马的第 20 步兵旅参谋。巴拿马地区司令康纳少将看中了艾森豪威尔的军事才华，因此在巴拿马服役的三年中，艾森豪威尔受到了康纳的特殊栽培，军事知识和技能大为长进。1923 年，经康纳帮助，艾森豪威尔又进入陆军指挥与参谋学校学习。艾森豪威尔学习认真，训练刻苦，1926 年以全校第一名的成绩毕业，后又经康纳介绍赴法国进行战场考察，并去陆军军事学院进行深造。两年后，艾森豪威尔赴陆军部助理部长办公室任职。

> 🔺 艾森豪威尔在西点军校的毕业照

在这之后的 1933 年，艾森豪威尔有幸担任美国陆军名将麦克阿瑟的助理，并很快得到了麦克阿瑟的重用。在艾森豪威尔的早期军事生涯中，麦克阿瑟对艾森豪威尔的影响特别大。艾森豪威尔极为崇拜麦克阿瑟，追随他长达 6 年之久。最先是随他在陆军参谋部，后来又一同前往菲律宾。在菲律宾他积极参加组织军事学校、空军及组织岛国国防建设，以应付发生战争的需要。由于麦克阿瑟的器重，艾森豪威尔于 1936 年晋升为中校。

1939 年 9 月，德军入侵波兰，第二次世界大战全面爆发。艾森豪威尔不顾麦克阿瑟等人的劝阻和挽留，坚决要求回国。回国后，任美国西部军区司令部的后勤计划官。1941 年，艾森豪威尔改任团长，后来又改任第 3 集团军参谋长，晋升准将。

1941 年 12 月 7 日，日本偷袭珍珠港美军基地。8 日，美国对日本宣战。由于艾森豪威尔熟悉菲律宾和太平洋地区的军事情况，并且有丰富的参谋工作经验，所以，在珍珠港事件发生后第五天，美国陆军参谋长马歇尔电召艾森豪威尔速回华盛顿，由于表现出色，艾森豪威尔又受到了马歇尔的器重。几星期后，他便升为少将，开始了和马歇尔的长期合作。

虽然这时的艾森豪威尔还没有资格参加有关同盟国战略问题的高层会议，但他却能站在最高统帅的角度，代表美国利益来指导全球性的战略行动。他同时注意到，当美国朝野的注意力都集中在太平洋战场的时候，罗斯福和马歇尔却把欧洲战场放在优先的地位。对此，艾森豪威尔也是非常赞同。

1942 年 3 月，艾森豪威尔和作战厅的参谋们一起提出了如何进行战争的设想：美军应以欧洲与大西洋战场为主要战略方向，应该先把大量美军集中在英国，拒绝将他们化整为零地用在任何周边性的攻击之中，在欧洲上空应获得空中优势，然后从英国渡过海峡，直指法国和德国。

然而，对这一基本设想，英国虽然同意，但在许多具体问题上仍存在着意见分歧。因此，1942 年 5 月，马歇尔命令艾森豪威尔前往英国考察军事形势和未来驻欧美军的编制问题，同时，他们还在英国设立了一个美军指挥所，以尽快拟制出欧洲盟军联合作战的计划。6 月，艾森豪威尔返回华盛顿，呈交考察报告《给欧洲战区司令的指令》后，罗斯福总统接受马歇尔的意见，任命艾森豪威尔为

🔷 1941 年 12 月 7 日，日本偷袭太平洋珍珠港的美国军事基地。

驻伦敦的美军欧洲战区总司令。而在这之前,艾森豪威尔并未单独指挥过一次战役,然而后来的事实表明,马歇尔慧眼独具,知人善任,而艾森豪威尔也因此名声大振。

▲马歇尔(右)与艾森豪威尔(左)

突尼斯会战

　　1942年的欧洲,盟军和法西斯军队的激战正在热烈地进行之中。这年7月,为了给德国军队以决定性打击,并支援肩负战争主要重担的苏联,英美首脑决定实施"火炬"行动计划——登陆北非,向法西斯纵深挺进,艾森豪威尔被任命为"火炬"行动的盟军远征军总司令。9月下旬,美英两国参谋长联席会议在伦敦确定了实施"火炬"作战计划的细节,决定两国军队于11月8日在法属北非的阿尔及尔、奥兰和卡萨布兰卡实施登陆,占领沿海主要港口,然后由阿尔及尔登陆部队向东抢占突尼斯,再待机与北非的英军协同作战,以攻占突尼斯城和比塞大港,彻底歼灭北非的德、意军队,控制地中海,巩固中东,为以后在意大利和巴尔干半岛的军事行动创造有利于盟军的条件。

　　参加"火炬"作战的美英联军共有13个师,665艘军舰和运输舰,分别编成西部、中部和东部3个特遣队。西部特遣队由美军巴顿少将指挥,从美国本土出发,横渡大西洋,在摩洛哥的卡萨布兰卡登陆;中部特遣队和东部特遣队分别由美军弗雷登道尔少将和赖德少将指挥,从英国出发,在阿尔及利亚的奥兰和阿尔及尔实施登陆。

　　由于这次行动是英美军队的联合作战,两国部队的组成和人员素质不同,对参谋工作的看法也不一样,加上这场战役是一次大规模的两栖登陆战役,因此,指挥起来困难重重。但是,艾森豪威尔凭着他出色的组织、协调能力,避免了许多不利于战争的因素。

▲巴顿将军

🔲 隆美尔

　　11月5日，艾森豪威尔冒险飞抵直布罗陀，这里将是此次作战行动临时司令部的所在地。一切安置妥当后，1942年11月8日，10余万美英联军分乘664艘军舰和运输船分别在阿尔及尔、奥兰和卡萨布兰卡登陆。由于艾森豪威尔不顾可能产生的政治批评，承认了正在北非的法国维希政府（法国投降后成立的亲德傀儡政府）海军上将达尔朗为该地区的法国最高统帅，从而避免了阻力，加速了盟军在北非的进展。盟军登陆成功后，继续向东推进，以攻占突尼斯城和比塞大港。但是，情况于盟军非常不利，11月11日，德军以惊人的速度抢占了突尼斯。12月初，德国元首希特勒任命阿尼姆上将为司令，阿尼姆在突尼斯的北部山地建立了一条防线，并逐渐向南推进，以对抗联军的推进。

　　1943年1月14日，英美首脑在卡萨布兰卡会晤，决定在北非战场设立战区，艾森豪威尔被任命为北非战场的总司令，英国的亚历山大将军为副总司令。北非盟军整编为第18集团军群，下辖安德森指挥的英第1集团军、蒙哥马利指挥的英第8集团军、弗雷登道尔指挥的美第2军和部分法军。亚历山大任集团军群司令，统一指挥盟军在北非的全部地面部队。

　　1943年2月，德国赫赫有名的隆美尔元帅率军攻占了凯塞林隘口，凯塞林隘道之战是美军在北非战场上遭到的最严重失败。坚定的艾森豪威尔为此毫不动摇，他果断任命勇猛善战的巴顿将军接替了不称职的第2军军长弗雷登道尔。艾森豪威尔属下的英国将领不少都具有比他丰富的战场指挥经验，同时他还要同一个喜欢直接干预战场指挥的英国首相丘吉尔打交道，这给他带来了相当的困难。然而他恰当地处理了同英国人的合作关系，又成功地保持了作为联军统帅的权威，使英美合作成为现实。

　　1943年3月，艾森豪威尔认为作战准备基本完成，于是发起进攻。3月20日，英美联军以蒙哥马利的第8集团军为主力向敌人的主要阵地马雷斯防线展开进攻。战斗几经反复，最后，德意军队在盟军的强大攻势下不得不北撤，并于4月中旬退至突尼斯北部。4月19日，盟军集中优势兵力发起总攻。5月13日，轴心国在突尼斯的残余部队投降，盟军武装部队共俘虏敌军27.5万人，其中一半以上是德军。

🔲 蒙哥马利

艾森豪威尔

突尼斯会战的胜利宣告了北非战争的结束。盟军在北非的胜利，使地中海航道从此畅通，为下一步通过西西里岛重返欧洲创造了条件。

在突尼斯会战中，艾森豪威尔凭着他出色的组织才能以及协调能力，建立起了一个统一的参谋班子，成功地指挥了联军作战，终于迎来了此次战役的胜利。突尼斯会战的胜利使艾森豪威尔获得了极大的荣誉，各方贺电飞向艾森豪威尔。

西西里岛战役

突尼斯战役胜利后，艾森豪威尔没有被眼前的成功所陶醉，为保证地中海海运安全并最终战胜意大利，他首先从大处着眼，认为盟军的下一个目标必须占领西西里岛。登陆战役的一切都已准备就绪，但天气突变，风大浪急，对海军、空军作战极为不利，许多参谋人员要求更改登陆日期。艾森豪威尔不为所动，坚持盟军按原计划行动。1943年7月的一个夜晚，盟军打响了西西里岛登陆战役。第二天凌晨，在恶劣天气的掩护下，盟军在西西里岛强行登陆。面对盟军的突然袭击，德意军队猝不及防，海岸防线很快被摧毁。战役进行到8月中旬，盟军进入西西里岛的咽喉重镇墨西拿，随即占领全岛。至此，西西里岛登陆战役以盟军获胜宣告结束。

在这场战役中，英美盟军共损失2.4万余人。德意军伤亡3.2万人，13.5万人被俘，另有10万人撤到意大利本土。西西里岛战役是盟军在欧洲战场上进行的一次重要战役，为最终迫使意大利投降创造了条件。艾森豪威尔又一次创造了战事的辉煌。

⬆ 西西里岛登陆后的盟军士兵在检查坦克。

登陆诺曼底

在 1943 年 11 月的德黑兰会议上,美国和英国再次明确表示 1944 年开辟欧洲第二战场的决心,并将此行动命名为"霸王行动"。艾森豪威尔以其出色的指挥才能被任命为指挥"霸王行动"的盟军最高司令。

"霸王行动"是对敌人的设防阵地进行的直接的正面攻击。德军战线,即所谓的"大西洋壁垒"有压倒优势的兵力(隆美尔元帅指挥的 60 个师)和便利的陆地交通线。盟军也有对自己有利的一面,即有制空权和制海权,其轰炸机和军舰可以大规模轰击敌人的战壕。

世界大军事家成功故事

在德黑兰会议期间斯大林、罗斯福、丘吉尔三国首脑合影。

这将是有史以来最大的一次两栖登陆战。在接受任务后的 1944 年 1 月中旬,艾森豪威尔抵达伦敦,组建盟军远征军最高司令部。经美英联合参谋长会议同意,艾森豪威尔任命特德为副司令,史密斯为参谋长,布莱德雷为美国地面部队司令,蒙哥马利为英国地面部队司令,拉姆齐为海军司令,利马洛里为空军司令。

由于"霸王行动"主要是在法国的领土上进行,为此,艾森豪威尔拜访了戴高乐并达成协议。

为了赢得战役的胜利,艾森豪威尔拼命地工作。他号召将士们加紧训练,做好战备,并在发起进攻之前花了大量时间到现场去视察部队。他要让尽可能多的士兵见到他,他设法亲自和成千上万的士兵谈话,他让士兵们在他作简短讲话时,不按队列聚集在他的周围,然后绕场一周和他们握手。

要领导好这些士兵,艾森豪威

在伞兵袭击诺曼底阵地前夕,艾森豪威尔因为担心伞兵们的危险任务,于是在晚上抽出部分时间来到他们中间,倾听他们的笑话和故事,与士兵们随意交谈。

尔需要 50 多个师一级的指挥官。他坚持亲自挑选美国将军，在他看来，师一级的指挥在战争中是最重要的，这个位置比军或集团军一级的指挥负有更大的责任。为此，艾森豪威尔希望他的指挥人员尽可能有作战经验，忠于反法西斯战争事业，具有英勇顽强的战斗精神以及较好的组织才能和指挥才能，并能在战斗中身先士卒，树立好的榜样。

关于登陆地点，艾森豪威尔和他的参谋部进行了反复的商量和比较。他们最终决定在法国诺曼底地区登陆，向德国军队发起反击。因为这里沿海地势开阔，北临英吉利海峡，与英国遥遥相望，面积约 3 万平方千米，海岸线全长 600 千米，可同时展开 26 ~ 30 个师，距英国西南海岸的各大港口较近，便于输送部队和物资，德军在这里兵力薄弱，登陆容易成功。

↑ 1944 年，丘吉尔与艾森豪威尔在法国北部。

在登陆前，盟军的准备工作做得很到位。首先，盟军采取了一系列伪装措施，使德军作出错误的部署，把最精锐的 15 集团军集中在加莱地区，而诺曼底只有一个装甲师驻防。盟国空军还炸毁了敌军 82 个具有战略意义的铁路枢纽。另外，由于气候变化无常，从 3 月开始，艾森豪威尔对部队进行了独特的登陆演习。

1944 年 6 月 6 日清晨，以美国为主的盟军在艾森豪威尔将军的指挥下，以 2 万多空降伞兵为先导，近 16 万部队在空军的掩护下，从朴茨茅斯起航，横渡英吉利海峡，一举突破了德军防线——"大西洋壁垒"，置德军于腹背受敌的境地。

这次登陆作战，盟军出动 1200 艘战舰、1 万架飞机、4126 艘登陆艇、804 艘运输舰、数以百计的坦克和 15.6 万名官兵（7.3 万名美军，8.3 万名英国和加拿大军），分 5 路向诺曼底海滩发起猛烈的攻击并开始登陆。

一批批步兵、炮兵和卡车登陆，他们在每一条通道上，在海滩上，在横穿峭壁的山凹里，挤得满满的，然后在海滩后面的一些道路上分路进击。敌人的抵抗相当顽强，但是盟军的士气也非常高涨。

在第 1 师的美军夺取滩头阵地，掩护大部队登陆的同时，英、法、加和其他美军的先头部队也已经把德军的滩头

阵地拿下。盟军经过一天的苦战，已有 10 个师的兵力胜利登陆。

第二天，盟军大部队陆续赶到，并在海空军支持下向纵深发展。德军防线被一道道摧毁。到 6 月 12 日，盟军已顺利地将五个滩头阵地联成一片，登陆兵力也已经超过守卫的德军。其后，美英军队从西面向德国境内的德军发起了攻击。直到这时，本来就已经处于劣势的德军还有一部分兵力在加莱地区准备迎击盟军更大的攻势。

为了巩固登陆的成果，盟军在空军支援下对诺曼底地区尚在德军手中的冈城发动了进攻。虽然德军集中全力拼死抵抗，但面对盟军空中和地面的绝对优势，所有努力都已无济于事。7 月 18 日，冈城被攻破，诺曼底登陆行动以盟军的胜利而告终。

就这样，在艾森豪威尔声东击西战略思想的指导之下，经过 43 天的殊死之战，盟军胜利地开辟了欧洲第二战场。此后，反法西斯战争进行到一个新的阶段。登陆胜利后，苏联红军和盟军从两条战线同时继续向欧洲腹地推进，在 3 个月的时间里相继解放了法国和比利时等国，并攻入德国本土，加速了妄图称霸世界的纳粹德国的灭亡。

这次战役，盟军共消灭德军 11.4 万人，击毁坦克 2117 辆，飞机 245 架。盟军有 12.2 万人阵亡。

在诺曼底登陆战役中，艾森豪威尔发挥了主要的作用。作为欧洲盟军最高统帅，艾森豪威尔把注意力集中到战略性的问题上。他乐于听取各种意见，谦恭有礼，但在原则问题上绝不让步。诺曼底登陆战役的胜利使艾森豪威尔的声誉达到顶峰。

▌▌盟军登陆诺曼底海滩。

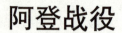

阿登战役

自盟军诺曼底登陆后，西线德军损失惨重，元气大伤。但盟军由于战线延长，供应日渐困难，加上内部意见不一，攻势逐渐缓慢。希特勒闻讯后便决定向盟军发动一次强大的攻势，以挽回败局。

1944 年 12 月，希特勒拼凑了近 2500 辆新的或改装的坦克和重炮，还增调了 28 个师的兵力，其中有 9 个装甲师。德国空军元帅戈林还答应凑 3000 架战斗机给他。

12 月中旬的一天，天上正下着小雪，浓雾笼罩着阿登森林附近大雪覆盖着的群山。就在这一天，德军在亚琛以南的蒙却奥和特里尔西北的埃赫特纳赫之间的 113 千米的战线上，向盟军发动了攻势。

在这之后的整整两天，艾森豪威尔一直密切注视着战局的发展，并对之进行了认真的分析。结果，艾森豪威尔基本掌握了有关敌人的兵力、意图、动向以及盟军自己的实力等方面的充分材料。12 月 19 日，艾森豪威尔决定发动进攻。鉴于当时盟军的兵力有限，他决定不从南北两侧同时发动进攻，而是从南面发动突击。到 12 月 19 日夜，德军通过凸出部中央迅速向前推进，先锋部队继续向西北方向迂回。进攻的方向越来越表明德军的计划是在列日西面某处抢渡默兹河，并从那里继续向西北去抢占突破口以北盟军整个部队的主要交通线。

显然，北侧已经处在危险之中，战斗越打越激烈。德军一开始就猛烈突击盟军防守薄弱的战线，结果取得了迅速的进展，突入盟军前线最大纵深竟达 80 千米左右。美军的前线被摧毁了，德军的地面进攻取得了全面成功。当天，美军的两个团就被全部包围，7000多名美军投降，这是美军在登陆诺曼底后遭遇到的最严重的失败，一切似乎预

在阿登森林里防守的美国士兵

➡ 恶劣的天气使大量盟军非战斗减员呈直线增多,许多士兵因为冻伤、营养不良而退出了战斗。

示着希特勒的计划将要成功。

德军猛烈的进攻给战场上的部队造成极大的压力,盟军士气也受到非常严重的影响。为此,12月22日,艾森豪威尔发布了一项他在战争时期很少写的"当日命令",他写到:全体盟军战士都鼓起勇气来吧!希望每个人都坚持这个唯一的信念:从地面、从空中、从一切地方消灭敌人!

圣诞节的前几天,是希特勒在阿登森林赌博的决定性的转折点。这时德军的进攻已成强弩之末,它在狭长的突出阵地两翼所受的压力实在太大了。圣诞节前两天,天气转晴,英美空军大显身手,大肆轰炸德国供应线和狭窄崎岖的山间公路上的军队和坦克。

德军向巴斯托尼作最后一次尝试。12月25日圣诞节这天,德军从早上3点钟开始发动了一系列攻击。对德军来说,现在面临的问题是如何从狭长走廊地带撤退,以免被切断和被消灭。但是,希特勒却继续命令猛攻巴斯托尼,重新向默兹河推进。此外,他还坚持马上向南方阿尔萨斯发动进攻,但结果,这两路进攻都毫无所获。

1945年1月1日,恼羞成怒的希特勒集中了9个师的兵力继续猛攻盟军,这是阿登反攻中最激烈的战斗,但此时的盟军已经得到了巴顿将军的增援,德军的进攻毫无进展。不仅如此,此时的德军已陷入了一个狭长的走廊地带,若不及时撤退必将遭到盟军的围歼,无奈之下希特勒终于下令德军撤退。

➡ 1953年12月8日,艾森豪威尔在联合国大会发表"和平利用原子能"的演说。

1月28日,德军被盟军彻底赶回到原来的阵地。这次战役,德军伤亡10万人,美军伤亡了8万人。阿登战役之后,希特勒再也没有力量阻挡盟军的进攻了,盟军踏上了纳粹的老巢,德国投降,为期6年的第二次世界大战终于结束。

美国总统

第二次世界大战结束后,艾森豪威尔出任美国驻德占领军司令,并被授予美国的最高军衔——五星上将,与其恩师麦克阿瑟和马歇尔同领殊荣。当他从欧洲战场凯旋回到美国时,受到了美国人民的热烈欢迎。在1945年8月访问苏联时,艾森豪威尔作为第一个外国人被邀请到列宁墓上的检阅台,同斯大林站在一起,观看苏联体育节表演。

1945年12月,艾森豪威尔出任美国陆军参谋长。1948年一度退出现役,任哥伦比亚大学校长。两年后,去法国任北约组织欧洲盟军最高司令。

1952年,艾森豪威尔退出军界,结束了戎马生涯,参加美国总统竞选,以压倒性多数当选,并连任两届,直至1961年。在任期间,为了使白宫办公厅成为有效的总统行政机构,艾森豪威尔仿参谋长制度而设办公厅主任。早在竞选总统时,他就提出结束朝鲜战争。1953年就职后,便签订了《朝鲜停战协定》,但继续奉行冷战政策。

1957年,艾森豪威尔提出"艾森豪威尔主义",企图控制中东地区。这年1月,他在致国会的《对中东政策特别咨文》中提出:由国会授权总统在中东实行"军事援助和合作计划",并可借口对付"共产主义侵略",在中东地区使用美国武装部队;两年内额外拨款4亿美元向中东国家提供经济"援助"。这个决议案于3月7日被美国国会通过。3月9日,艾森豪

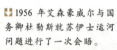
▶ 1956年艾森豪威尔与国务卿杜勒斯就苏伊士运河问题进行了一次会晤。

1959年，前苏联领导人赫鲁晓夫访问美国。艾森豪威尔（右一）及夫人和赫鲁晓夫（右二）及夫人的合影。

威尔签署了这个后来被称为"艾森豪威尔主义"的决议案。

当时，正值英、法侵略埃及的战争失败，美国企图利用这个计划，一面以武力威胁为手段，一面以经济援助为诱饵，用反共作幌子，进一步排挤英、法等国势力，以实现其独占中东的阴谋。后来，艾森豪威尔主义也被用于中东以外的地区。艾森豪威尔主义遭到中东各国人民的反对。埃及、叙利亚、沙特阿拉伯和约旦四国政府两度发表声明，拒绝接受艾森豪威尔主义。1959年，随着国务卿杜勒斯的逝世，艾森豪威尔主义也黯然失色。在连任两届美国总统期间，艾森豪威尔与苏联部长会议主席赫鲁晓夫在美国戴维营举行了美苏高级会谈，这次会谈开创了冷战年代及以后的日子里美苏首脑会晤的先例。

1969年3月28日，艾森豪威尔在华盛顿病逝，终年79岁。他的主要著作有《远征欧陆》《白宫岁月》和《艾森豪威尔的战争经历》。

艾森豪威尔戎马半生，战功卓著，在协调各方面关系上，极具才能。他以坚定、镇静而又平等待人的态度赢得了人们广泛的信赖和支持。

艾森豪威尔的葬礼仪式

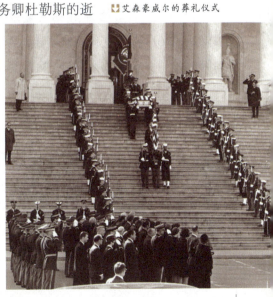

大 事 年 表

1890 年	10 月 14 日,德怀特·戴维·艾森豪威尔出生于美国。
1911 年	6 月,艾森豪威尔成为西点军校的一名士官生。
1916 年	艾森豪威尔被晋升为中尉。
1939 年	9 月,德国进犯波兰,第二次世界大战全面爆发。
1941 年	艾森豪威尔被任命为第 3 集团军参谋长,晋升准将。
	12 月 7 日,日本偷袭珍珠港美军基地。
	12 月 8 日,美国对日本宣战。艾森豪威尔被升为少将。
1942 年	6 月,艾森豪威尔被任命为驻伦敦的美军欧洲战区总司令。
	7 月,艾森豪威尔被任命为盟军远征军总司令。
1943 年	艾森豪威尔成功地指挥了突尼斯会战,北非战争结束。
1944 年	7 月,艾森豪威尔指挥盟军在诺曼底登陆,取得胜利。
1945 年	1 月,第二次世界大战结束。
	12 月,艾森豪威尔出任美国陆军参谋长。
1952—1961 年	艾森豪威尔连任两届美国总统。
1969 年	3 月 28 日,艾森豪威尔在华盛顿病逝,终年 79 岁。